Retornos solares

La guía definitiva sobre el retorno del sol, la astrología predictiva para principiantes, las doce casas, los planetas en tránsitos y la interpretación de cartas astrológicas

© Copyright 2024

Todos los derechos reservados. Ninguna parte de este libro puede ser reproducida de ninguna forma sin el permiso escrito del autor. Los revisores pueden citar breves pasajes en las reseñas.

Descargo de responsabilidad: Ninguna parte de esta publicación puede ser reproducida o transmitida de ninguna forma o por ningún medio, mecánico o electrónico, incluyendo fotocopias o grabaciones, o por ningún sistema de almacenamiento y recuperación de información, o transmitida por correo electrónico sin permiso escrito del editor.

Si bien se ha hecho todo lo posible por verificar la información proporcionada en esta publicación, ni el autor ni el editor asumen responsabilidad alguna por los errores, omisiones o interpretaciones contrarias al tema aquí tratado.

Este libro es solo para fines de entretenimiento. Las opiniones expresadas son únicamente las del autor y no deben tomarse como instrucciones u órdenes de expertos. El lector es responsable de sus propias acciones.

La adhesión a todas las leyes y regulaciones aplicables, incluyendo las leyes internacionales, federales, estatales y locales que rigen la concesión de licencias profesionales, las prácticas comerciales, la publicidad y todos los demás aspectos de la realización de negocios en los EE. UU., Canadá, Reino Unido o cualquier otra jurisdicción es responsabilidad exclusiva del comprador o del lector.

Ni el autor ni el editor asumen responsabilidad alguna en nombre del comprador o lector de estos materiales. Cualquier desaire percibido de cualquier individuo u organización es puramente involuntario.

Su regalo gratuito

¡Gracias por descargar este libro! Si desea aprender más acerca de varios temas de espiritualidad, entonces únase a la comunidad de Mari Silva y obtenga el MP3 de meditación guiada para despertar su tercer ojo. Este MP3 de meditación guiada está diseñado para abrir y fortalecer el tercer ojo para que pueda experimentar un estado superior de conciencia.

https://livetolearn.lpages.co/mari-silva-third-eye-meditation-mp3-spanish/

¡O escanee el código QR!

Índice

INTRODUCCIÓN 1
CAPÍTULO UNO: ENTENDER LOS RETORNOS SOLARES 3
CAPÍTULO DOS: PLANETAS, PUNTOS CARDINALES Y MÁS 9
CAPÍTULO TRES: CUANDO LOS PLANETAS SE MUEVEN RETRÓGRADAMENTE 28
CAPÍTULO CUATRO: CASAS Y SIGNOS DEL ZODÍACO 101 36
CAPÍTULO CINCO: SU ASCENDENTE DE REVOLUCIÓN SOLAR 47
CAPÍTULO SEIS: LOS PLANETAS EN LAS CASAS 63
CAPÍTULO SIETE: LOS PLANETAS EN LOS SIGNOS 81
CAPÍTULO OCHO: LOS PRINCIPALES ASPECTOS DEL RETORNO SOLAR I 93
CAPÍTULO NUEVE: ASPECTOS MENORES DEL RETORNO SOLAR II 114
CAPÍTULO DIEZ: INTERPRETAR UNA CARTA SOLAR 126
CONCLUSIÓN 133
GLOSARIO DE TÉRMINOS Y SÍMBOLOS ASTROLÓGICOS 135
EXTRA: SUS GRÁFICOS DE RETORNO SOLAR 137
VEA MÁS LIBROS ESCRITOS POR MARI SILVA 140
SU REGALO GRATUITO 141
REFERENCIAS 142

Introducción

¿Alguna vez se ha sentido como si flotara sin rumbo por la vida, sin una dirección clara? ¿Se ha preguntado alguna vez por qué algunos años parecen estar llenos de lucha constante mientras que otros parecen fluir con facilidad? Si es así, quizá esté buscando una comprensión más profunda del camino y el propósito de su vida. No busque más allá en "retornos solares, la guía definitiva del retorno del sol".

Este libro es una completa guía de astrología predictiva para principiantes, que ofrece una introducción clara y concisa a las doce casas, los planetas en tránsito y la interpretación de la carta astral. Tanto si es nuevo en la astrología como si lleva tiempo explorándola, este libro le proporcionará las herramientas necesarias para desentrañar los misterios de su carta astral y comprender mejor las fuerzas cósmicas que actúan en su vida.

Lo que diferencia a "retornos solares" de otros libros de astrología del mercado es su enfoque sencillo de lo que, de otro modo, podría considerarse un tema muy complejo. Este libro se ha diseñado específicamente pensando en los principiantes, y ofrece instrucciones fáciles para seguir y métodos prácticos que le ayudarán a interpretar su carta astral y a comprender mejor su futuro. Con sus explicaciones claras y su guía paso a paso, "retornos solares" le ayudará a construir una base sólida de conocimientos astrológicos y a desarrollar su propio estilo astrológico.

Pero este libro es algo más que una guía de astrología para principiantes. "Retornos solares" se centra en el acontecimiento anual del regreso del sol a su posición exacta de nacimiento, conocida como la carta de los retornos solares o carta solar. Esta carta proporciona una visión de los temas y retos a los que se enfrentará en el próximo año y puede ayudarle a navegar por los vaivenes de la vida con mayor facilidad y claridad. Al comprender el significado de su carta solar, puede aprovechar el poder de los planetas y las estrellas para tomar decisiones conscientes que se alineen con su propósito superior.

Sí está preparado para profundizar en su comprensión de la astrología y desvelar los secretos de su carta astral, "retornos solares, la guía definitiva del retorno del sol" es el libro que necesita. Con su lenguaje claro y conciso y su enfoque práctico, este libro le permitirá tomar las riendas de su vida y navegar por las fuerzas cósmicas con mayor facilidad y gracia. ¿Por qué esperar? Dé hoy el primer paso en su viaje astrológico y descubra el poder transformador de las estrellas.

Capítulo uno: Entender los retornos solares

¿Qué es una revolución o retorno solar?

Un retorno solar no es un extraño movimiento de baile o una nueva receta de cóctel, aunque es fácil entender que la frase pueda sonar un poco peculiar para los no iniciados. No, en astrología, una revolución solar es un acontecimiento importante que se produce cuando el Sol vuelve a la posición exacta que tenía en el zodiaco en el momento de su nacimiento. Este acontecimiento cósmico marca el comienzo de un nuevo año astrológico para usted. Muchos astrólogos creen que podemos deducir la energía y los temas del año venidero analizando la posición de los planetas y las estrellas en el momento del retorno solar.

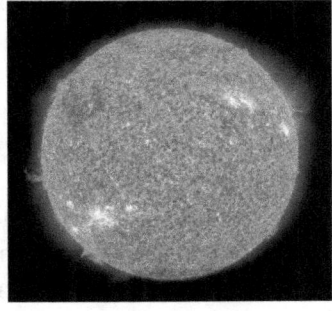

Un retorno solar es un acontecimiento importante que se produce cuando el Sol vuelve a la posición exacta que ocupaba en el zodíaco en el momento de su nacimiento
https://www.pexels.com/photo/sun-fire-hot-research-87611/

Es un poco como celebrar un año nuevo personal, un momento para reflexionar sobre el pasado y fijar propósitos para el futuro. Algunas personas eligen celebrar la ocasión con rituales o ceremonias, mientras que otras simplemente toman nota de la fecha y la utilizan como punto de referencia a lo largo del año. Por supuesto, como ocurre con todo lo relacionado con la astrología, existen opiniones divergentes sobre el significado de los retornos solares, y no todo el mundo cree en la idea de utilizar la astrología como herramienta de crecimiento y comprensión personal. Pero para quienes sí lo hacen, una revolución solar puede ser un momento poderoso para conectar con los ritmos del universo y comprender mejor el camino de la vida.

La conexión entre la astrología y los retornos solares

La astrología predictiva es una rama específica que se centra en hacer predicciones sobre acontecimientos y tendencias futuros basándose en el movimiento de los planetas y las estrellas. A diferencia de otras formas de astrología, que se centran más en comprender el carácter o la psicología interna de una persona, la astrología predictiva se centra principalmente en lo que está por venir.

Aunque todas las formas de astrología se basan en los mismos principios fundamentales, la astrología predictiva se basa en diferentes técnicas y enfoques para interpretar las cartas astrológicas. Por ejemplo, un astrólogo predictivo puede utilizar los tránsitos (la posición actual de los planetas) para hacer predicciones sobre acontecimientos futuros o analizar las progresiones (el movimiento de la carta natal a lo largo del tiempo) para comprender mejor los temas principales de la vida de una persona.

Esta forma de astrología puede ser una herramienta poderosa para conocer el futuro y prepararse para lo que está por venir, pero es importante recordar que la astrología no es una bola de cristal. Aunque la astrología puede proporcionar una guía y un apoyo valiosos, en última instancia, cada persona debe tomar sus propias decisiones en la vida. El hecho de elegir la astrología predictiva u otras formas de astrología es una elección muy personal, y no hay una única forma correcta de practicar este arte milenario. En última instancia, lo más importante es que utilice la astrología como herramienta de autorreflexión, crecimiento y transformación, y que permita que la sabiduría de las estrellas le guíe en su viaje.

El concepto de retorno solar forma parte de la práctica astrológica (incluida la astrología predictiva) desde hace siglos. Los antiguos astrólogos utilizaban el movimiento del Sol y las estrellas para seguir el paso del tiempo y comprender mejor la experiencia humana. En la astrología moderna, la carta solar se crea observando la posición de los planetas y las estrellas en el preciso momento en que el Sol regresa a su posición natal. Esta carta proporciona una panorámica de las energías y los temas que estarán presentes en el año venidero, lo que permite al individuo prepararse y aprovechar al máximo las oportunidades y los retos que puedan surgir.

Curiosamente, algunos astrólogos creen que la carta solar puede ser más precisa para predecir acontecimientos que la carta astral. Esto se debe a que la carta solar es específica de cada año, mientras que la carta astral permanece invariable a lo largo de toda la vida. También hay que tener en cuenta que la carta astral es solo una de las muchas técnicas astrológicas que se utilizan para comprender la experiencia humana. Desde el movimiento de los planetas y las estrellas hasta el estudio de las casas y los aspectos astrológicos, la astrología ofrece un sistema rico y complejo para comprender los misterios del universo y nuestro lugar en él. En definitiva, no se puede negar que el retorno solar puede ser una valiosa herramienta de autorreflexión, crecimiento y transformación para aquellos que se sienten atraídos por las estrellas y la sabiduría que ofrecen.

Contexto histórico y cultural

La astrología y el estudio de los astros forman parte de la cultura humana desde hace milenios. Los antiguos babilonios, por ejemplo, eran conocidos por sus avanzadas observaciones y cálculos astronómicos. Utilizaban su conocimiento de las estrellas para desarrollar un complejo sistema de astrología vinculado a los ciclos lunares y al movimiento de los planetas.

Los egipcios también estaban fascinados por las estrellas y sus movimientos, y desarrollaron un complejo sistema de astrología basado en el concepto de armonía cósmica. Creían que el movimiento de las estrellas y los planetas estaba íntimamente relacionado con el destino de los individuos y las naciones. Utilizaban sus conocimientos de astrología para predecir el resultado de batallas y otros acontecimientos importantes.

Los griegos, a quienes a menudo se atribuye la fundación de la astrología occidental moderna, también creían en el poder de los astros y su influencia en los asuntos humanos. Por ejemplo, se dice que el filósofo Pitágoras utilizó la astrología para predecir el resultado de los Juegos Olímpicos, mientras que el poeta Hesíodo escribió sobre la influencia astrológica en las estaciones y los ciclos de la Tierra.

En cada una de estas culturas y en muchas otras a lo largo de la historia, el estudio de las estrellas se consideraba una forma de comprender los misterios del universo y de la experiencia humana. El retorno solar y la creación de una carta solar son solo una de las muchas técnicas utilizadas para aprovechar el poder de las estrellas y obtener una comprensión más profunda de uno mismo y del mundo que nos rodea. La revolución solar y la creación de una carta solar son prácticas ancestrales utilizadas durante siglos para marcar el paso del tiempo y comprender mejor la experiencia humana. Desde los antiguos babilonios hasta los egipcios, pasando por los griegos, el estudio de las estrellas y sus movimientos ha sido una parte fundamental de la cultura humana y de los sistemas de creencias durante miles de años.

En muchas culturas, el sol se consideraba un símbolo de vida y vitalidad, y el retorno del sol a su posición natal se celebraba como un momento de renovación y renacimiento. Por ejemplo, los antiguos romanos celebraban el solsticio de invierno (la noche más larga del año) con el festival de saturnalia. Durante ese tiempo, honraban al dios Sol Invictus e intercambiaban regalos y banquetes.

En el ámbito de la astrología, se dice que la carta solar ofrece valiosas perspectivas sobre el año venidero y puede ayudar a las personas a prepararse para los retos y oportunidades que puedan surgir. Al observar la posición de los planetas y las estrellas en el momento en que el Sol regresa a su posición natal, los astrólogos pueden vislumbrar las energías y los temas que estarán presentes en el año venidero. Pero la revolución solar no solo sirve para predecir el futuro, sino también para honrar los ciclos vitales y los ritmos naturales del universo. Si sintoniza con la sabiduría de las estrellas y sus movimientos, podrá profundizar en su conexión con usted mismo, con los demás y con el mundo que le rodea.

Así que, mientras explora el mundo de la astrología y los misterios del retorno solar, recuerde que forma parte de una larga y rica tradición que abarca todas las épocas. Tanto si utiliza la astrología como herramienta de autorreflexión o predicción, o simplemente para conectar con la belleza y la maravilla del universo, sepa que forma parte de un gran tapiz tejido por las propias estrellas.

Ventajas de trabajar con su retorno solar

Al trabajar con su carta solar, puede obtener información valiosa sobre los principales temas y tendencias que probablemente surgirán en su vida durante el próximo año. Esto puede incluir diversos factores, como cambios en su carrera profesional o en sus relaciones, oportunidades de crecimiento y desarrollo personal y retos que deberá superar. La carta solar puede proporcionarle una hoja de ruta para navegar por estas diferentes experiencias y retos, ayudándole a mantenerse centrado y con los pies en la tierra, incluso en momentos de incertidumbre y cambio. Al comprender mejor la energía y los temas que estarán presentes en su vida durante el próximo año, podrá prepararse para afrontar estos retos y aprovechar las oportunidades que surjan.

Esto puede ser especialmente valioso si está atravesando un periodo de transición o incertidumbre en su vida, como empezar un nuevo trabajo, terminar una relación o embarcarse en un proyecto personal importante. Con la carta del retorno solar, puede prepararse mejor para superar estos retos con elegancia, salir fortalecido y más resistente al otro lado.

Además, la carta puede ayudarle a comprender mejor su crecimiento y desarrollo personal a lo largo del año. Es posible que descubra áreas en las que necesita mejorar, crecer y, con este conocimiento, podrá tomar medidas intencionadas para cultivar el crecimiento personal y convertirse en la mejor versión de sí mismo.

Otro de los beneficios de utilizar una carta solar es que puede guiarle sobre cómo utilizar mejor su tiempo y energía en el próximo año. La carta puede ayudarle a identificar las áreas de su vida en las que puede estar invirtiendo demasiada energía o no la suficiente y en las que puede necesitar hacer ajustes para alcanzar sus objetivos y cumplir su propósito. Por ejemplo, supongamos que su carta natal muestra que se enfrentará a retos en su carrera profesional. En ese caso, sería aconsejable centrar su energía en desarrollar nuevas habilidades o buscar nuevas oportunidades que se alineen con sus pasiones y puntos fuertes. Por otro lado, si su carta indica que experimentará un crecimiento en sus relaciones personales, puede que desee dar prioridad a pasar más tiempo con sus seres queridos y cultivar conexiones significativas.

¿Tiene dudas?

La idea de la astrología y de utilizar una carta solar puede parecer descabellada o incluso supersticiosa para algunos. Es comprensible tener reservas ante algo que no se basa en pruebas empíricas ni en métodos científicos. Sin embargo, debe mantener la mente abierta y considerar los beneficios que podría obtener al explorar esta práctica ancestral, que también puede ayudarle a cultivar un mayor sentido de la atención y la intencionalidad en su vida diaria.

Es comprensible que algunos sigan dudando de la validez de la astrología y del uso de la carta solar. Sin embargo, es importante recordar que la astrología no sustituye al pensamiento crítico ni a la responsabilidad personal. Se trata más bien de una práctica complementaria que puede ofrecer información y orientación adicionales a la hora de afrontar los retos y las oportunidades de la vida. Si es usted un escéptico o un incrédulo, no se apresure a descartar las cartas solares. Acérquese a la astrología con la mente abierta y la voluntad de aprender. Busque un astrólogo reconocido que pueda proporcionarle información precisa y perspicaz sobre su carta natal y su carta solar. Haga preguntas, participe en diálogos y mantenga la mente abierta mientras explora esta antigua práctica.

En última instancia, explorar la astrología y utilizar una carta solar es una decisión personal. Sin embargo, esta práctica es muy valiosa para quienes están dispuestos a darle una oportunidad. Si se adentra en su vida, cultiva la conciencia de sí mismo y afronta los retos con intencionalidad y atención plena, descubrirá que la astrología puede ser una poderosa herramienta de crecimiento y transformación personal.

Entonces, ¿de qué manera cree que su carta astral puede mejorar su vida? ¿Siente curiosidad por conocer todos los pormenores del proceso de elaboración y lectura de una carta? Pase al siguiente capítulo para conocer la importancia de los planetas, los puntos cardinales y otras cosas importantes que debe saber antes de trabajar con su carta.

Capítulo dos: Planetas, puntos cardinales y más

Ahora, es el momento de ver los factores astrológicos más fundamentales que debe considerar en cualquier carta, ya sea una carta solar o cualquier otra cosa, comenzando con los puntos cardinales.

Los puntos cardinales

Los cuatro puntos cardinales de una carta astral son el ascendente, el descendente, el medio cielo (también conocido como medium coeli) y el imum coeli. Estos puntos marcan el comienzo de los cuatro signos cardinales del zodíaco (Aries, Cáncer, Libra y Capricornio) y son importantes para determinar los temas y energías generales presentes en la carta de una persona. Juntos, los cuatro puntos cardinales de una carta astral forman un marco fundamental para comprender la personalidad, las relaciones, la trayectoria profesional y la dirección general de la vida de una persona. Al examinar estos puntos, junto con las posiciones de los planetas y otros factores de la carta, los astrólogos pueden comprender mejor los puntos fuertes, los retos y el potencial de crecimiento de una persona.

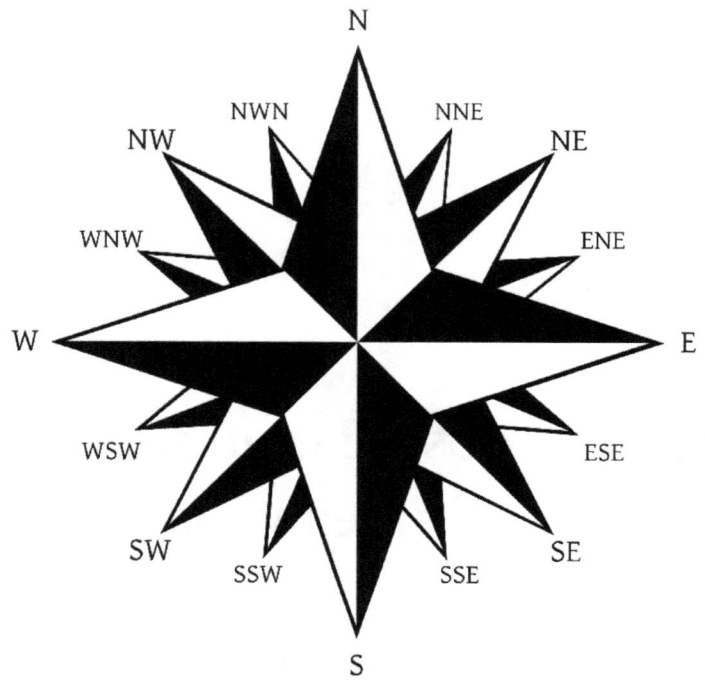

Los puntos cardinales
ESCRITURA CC BY-SA 3.0 < https://creativecommons.org/licenses/by-sa/3.0/deed.en> a través de Wikimedia Commons https://commons.wikimedia.org/wiki/File:Cardinal_directions.svg

El ascendente, también conocido como signo ascendente, es el punto en el que el horizonte oriental se cruza con la eclíptica. Representa la forma en que una persona se presenta al mundo, así como su aspecto físico y su conducta general. El ascendente se describe a menudo como la máscara que una persona lleva en público y puede indicar cómo aborda nuevas situaciones y personas. Aprenderá mucho más sobre este tema en un capítulo posterior.

Por otro lado, el descendente es el punto opuesto al ascendente, en el que el horizonte occidental se cruza con la eclíptica. Representa la forma en que un individuo se relaciona con los demás y las cualidades que busca en una pareja o en una relación cercana. El descendente se describe a menudo como la "otra mitad" de la carta, ya que representa los rasgos que atraen a una persona en los demás y las cualidades que busca cultivar en sí misma a través de sus relaciones.

El medio cielo, o medium coeli, es el punto en el que la eclíptica se cruza con el meridiano en la parte superior de la carta. Representa la carrera de una persona, su reputación pública y la dirección general de su vida. El medio cielo se describe a menudo como el "punto más alto" de la carta, que representa el pináculo de los logros y ambiciones de una persona. El signo y los planetas de esta casa pueden proporcionar información sobre el tipo de carrera que puede desempeñar una persona y sus objetivos y aspiraciones generales.

Por último, el imum coeli es el punto opuesto al medio cielo, en el que el nadir se cruza con la eclíptica. Representa el hogar y la vida familiar de una persona, así como sus sentimientos más íntimos y sus necesidades emocionales. El imum coeli suele describirse como el "punto más bajo" de la carta y representa los cimientos sobre los que se construye la vida de una persona. El signo y los planetas de esta casa pueden proporcionar información sobre la educación de una persona y el tipo de entorno que necesita para sentirse segura y realizada en su vida personal.

Los dos ejes

Los puntos cardinales de cualquier carta astrológica forman dos ejes. El eje formado por los puntos ascendente y descendente suele denominarse eje de las relaciones. Este eje, también llamado el eje de la vida, puede proporcionar información sobre el enfoque de un individuo ante las situaciones sociales, su estilo de comunicación y sus necesidades relacionales. El eje formado por los puntos cielo medio e imum coeli puede dar una idea de cómo una persona equilibra su vida personal y profesional, qué le motiva en su carrera y qué valora en su vida personal.

La función de los planetas en la astrología

En astrología, los planetas representan distintos aspectos del ser humano, con sus propias características y tendencias. Los movimientos y alineaciones planetarios pueden influir en todo, desde el estado de ánimo hasta los acontecimientos más importantes de la vida. Los astrólogos utilizan este conocimiento para comprender mejor las fuerzas subyacentes que dan forma a nuestras vidas, examinando las posiciones y movimientos de los planetas para comprender mejor la experiencia humana individual y colectiva.

El sol

Energía y efecto: El Sol es un planeta poderoso en astrología, que representa el sentido del yo, la identidad y la fuerza de voluntad. Su posición en la carta astral puede indicar áreas de crecimiento y éxito para el próximo año, mientras que un sol débil o afligido puede poner en peligro la confianza en uno mismo y el sentido del propósito. También rige la energía masculina, la figura paterna y la autoridad.

Glifo: El glifo del sol es un círculo con un punto en su centro, que representa el núcleo de nuestra identidad y sentido del yo. El sol es el centro de nuestro sistema solar y su glifo refleja su papel central en la carta astrológica. El glifo puede verse como una representación de la energía radiante del sol, que afecta a todos los seres vivos de la tierra.

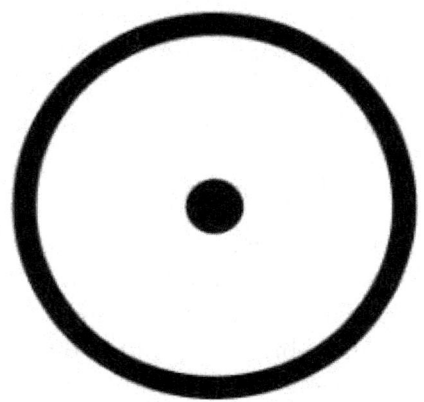

Glifo del sol
https://freesvg.org/sun-and-fish-ancient-symbol

Palabras clave: Vitalidad, creatividad, ego, confianza, individualidad, liderazgo y autoexpresión.

Correspondencias planetarias: El sol se asocia con el color dorado y su día de la semana es el domingo. El sol también se asocia a la estación estival y al signo de Leo, que rige. Las personas nacidas bajo el signo de Leo suelen tener una personalidad fuerte y dinámica y un sentido natural del liderazgo. Son creativas y seguras de sí mismas y destacan en áreas que les permiten expresarse.

La luna

Energía y efecto: La luna simboliza las emociones, los instintos y la mente subconsciente en astrología. Representa el yo interior y afecta al estado de ánimo y al comportamiento de las personas. Durante una revolución solar, la posición y los aspectos de la luna indican la expresión emocional, los cambios personales y la receptividad a nuevas experiencias.

Glifo: El glifo de la luna representa la forma creciente de la luna, que refleja su naturaleza cíclica y sus fases. El glifo de la luna parece un círculo sobre un semicírculo, que simboliza la receptividad de la mente a diferentes estímulos.

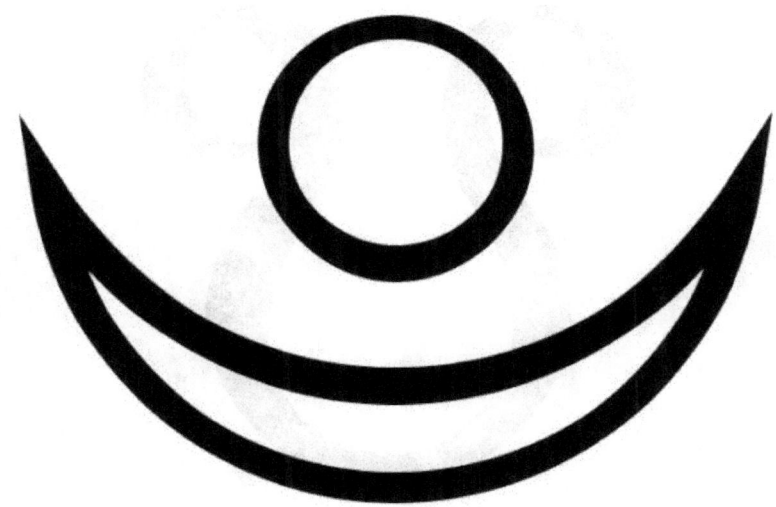

Glifo de la luna
https://freesvg.org/holy-egyptian-sign-of-crescent-and-sun

Palabras clave: Emociones, instintos, intuición, yo interior, receptividad, sensibilidad, mutabilidad, nutrición, seguridad.

Correspondencias planetarias: La luna se asocia con la noche, los lunes y los colores blanco y plateado. Las fases lunares corresponden a las estaciones, con la Luna llena asociada al verano y la luna nueva asociada al invierno. Es importante señalar que la luna tiene dos nodos: El nodo lunar sur y el nodo lunar norte.

El nodo lunar sur

Energía y efecto: La energía del nodo lunar sur tiene que ver con liberar y dejar ir el pasado, ya sean hábitos, creencias, relaciones o experiencias pasadas. Le insta a liberarse de viejos patrones que le retienen y le mantienen estancado. Esto puede suponer un reto, ya que requiere enfrentarse a los miedos y salir de la zona de confort. Sin embargo, la energía del nodo lunar sur también puede ser liberadora y aportar ligereza y claridad a su vida.

Glifo: El glifo del nodo lunar sur está representado por una herradura invertida con dos colas que apuntan en direcciones opuestas. La forma recuerda a la cola de un dragón, simbolizando la conexión del nodo lunar sur con el pasado kármico y el viaje hacia el crecimiento espiritual.

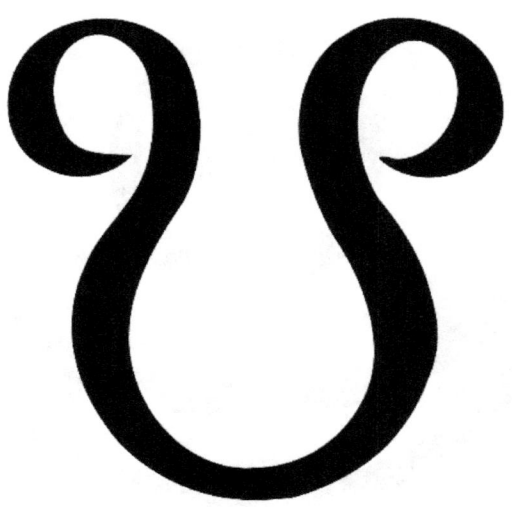

Nodo lunar sur

Lucis, CC BY-SA 3.0 <https://creativecommons.org/licenses/by-sa/3.0>, a través de Wikimedia Commons https://commons.wikimedia.org/wiki/File:Southnode-symbol.svg

Palabras clave: Experiencias de vidas pasadas, karma, lecciones del alma, patrones inconscientes, hábitos familiares, zona de confort, comportamiento repetitivo, viejas heridas que curar, soltar, liberar apegos, alejarse de lo familiar, liberarse de las limitaciones, enfrentarse a los miedos, aceptar el cambio, crecimiento espiritual, liberación, entregarse al destino.

Correspondencias planetarias: El nodo lunar sur está asociado con el color negro, los sábados, la estación invernal y el signo zodiacal Capricornio. Su energía también está vinculada al planeta Saturno, que representa la responsabilidad, la estructura y la autoridad. Durante un retorno solar, la ubicación del nodo lunar sur puede indicar las áreas de su vida en las que necesita liberarse de viejos patrones o creencias para avanzar hacia el crecimiento y la evolución.

El nodo lunar norte

Energía y efecto: También conocido como el nodo verdadero, es un punto significativo en astrología que representa el camino que un individuo está destinado a seguir en su vida. Se asocia con el futuro, el crecimiento y el desarrollo. Indica qué energías y experiencias son necesarias desarrollar para alcanzar el crecimiento y el éxito. Durante el retorno solar, el nodo lunar norte puede traer oportunidades de crecimiento y expansión y puede atraer a su vida personas, acontecimientos o situaciones que le ayudarán en su desarrollo personal.

Glifo: El glifo del nodo lunar norte tiene forma de herradura con dos líneas curvas conectadas a una línea recta en el centro. A diferencia del nodo sur, tiene una forma parecida a la letra "n", no a la "u". La forma de herradura representa un recipiente abierto hacia el futuro, mientras que la línea recta representa el camino que uno debe seguir.

Nodo lunar norte
Lucis, CC BY-SA 3.0 <https://creativecommons.org/licenses/by-sa/3.0>, a través de Wikimedia Commons https://upload.wikimedia.org/wikipedia/commons/e8/Northnode-symbol.svg

Palabras clave: Orientado al futuro, crecimiento y desarrollo, destino, propósito, avanzar, exploración, novedad, territorio desconocido.

Correspondencias planetarias relacionadas con eventos: El blanco, el plateado y el azul pálido se utilizan a menudo para representar su energía. Representan la noche, el reflejo de la luz y las cualidades misteriosas y místicas asociadas a la luna. Pueden utilizarse para potenciar la meditación y las prácticas espirituales relacionadas con la energía de la luna. El día de la semana asociado a este nodo es el lunes, que se considera bueno para la introspección, la sanación emocional y la conexión con el yo interior. Se asocia con la estación invernal, caracterizada por la oscuridad, la introspección y la tranquilidad.

Mercurio

Energía y efecto: Mercurio en astrología rige la comunicación, la inteligencia y la tecnología. Su símbolo fusiona espíritu, receptividad y materia. Mercurio representa la agilidad, la curiosidad y la adaptabilidad. Durante el retorno solar, su posición afecta a las capacidades de pensamiento, comunicación y aprendizaje, indicando un momento de mayor actividad mental y flexibilidad en el pensamiento y la comunicación.

Glifo: El glifo de Mercurio está formado por el círculo del espíritu, que indica el poder del pensamiento, y la media luna de la receptividad, que sugiere la apertura a nuevas ideas. También presenta una cruz en la parte superior del círculo, que representa la fusión del espíritu y la materia.

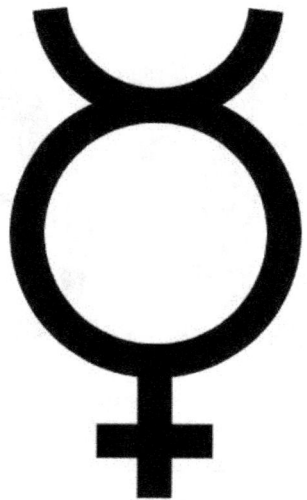

Glifo de Mercurio
https://www.needpix.com/photo/download/30682/planet-symbols-mercury-astronomical-planetary-astrological-astrology-free-vector-graphics-free-pictures

Palabras clave: Comunicación, pensamiento, escritura, aprendizaje, adaptabilidad, flexibilidad, curiosidad, información.

Correspondencias planetarias: Las correspondencias planetarias de Mercurio relacionadas con eventos incluyen el amarillo y el naranja, que representan su naturaleza enérgica y estimulante. El miércoles está asociado a Mercurio, perfecto para realizar actividades mercuriales como estudiar, establecer contactos y hacer negocios. La primavera y el otoño, estaciones zodiacales de Géminis y Virgo, son ideales para abrazar el cambio, explorar nuevas ideas y aprovechar la curiosidad intelectual. La energía de Mercurio durante estas estaciones es potente y puede ayudar a las personas a expresarse con claridad, generar nuevas ideas y adaptarse a los cambios.

Venus

Energía y efecto: En astrología, Venus es el planeta que rige el amor, la belleza y el placer. Está asociado a la diosa romana Venus, que encarnaba el amor, la belleza y la fertilidad. En astrología, Venus representa nuestra capacidad para el amor, los gustos estéticos y la habilidad para encontrar placer en la vida. La energía venusina consiste en crear armonía, equilibrio y belleza en nuestras vidas, ya sea a través de las relaciones, el arte o nuestro entorno. Durante el retorno solar, la posición de Venus puede influir en nuestras relaciones, gustos estéticos y disfrute general de la vida. Puede indicar un momento de mayor actividad social, creatividad y sensualidad.

Glifo: El glifo de Venus es un círculo sobre una cruz, que representa la unión del espíritu y la materia. También se dice que representa el espejo de Venus, ya que la belleza y el reflejo están estrechamente ligados al planeta.

Glifo de Venus

Sebastian Lönnlöv, CC BY-SA 4.0 <https://creativecommons.org/licenses/by-sa/4.0>, a través de Wikimedia Commons https://commons.wikimedia.org/wiki/File:Venus_symbol_(painted).jpg

Palabras clave: Amor, belleza, armonía, equilibrio, creatividad, sensualidad, placer, atracción.

Correspondencias planetarias: Las correspondencias planetarias de Venus incluyen los colores verde y rosa, que representan el crecimiento, la armonía y el amor. El viernes es el día asociado a Venus, perfecto para realizar actividades venusinas como embellecerse a uno mismo o a su entorno, pasar tiempo con los seres queridos o entregarse a experiencias placenteras. La primavera y el otoño, estaciones zodiacales de Tauro y Libra, son ideales para abrazar la energía venusina y crear belleza y equilibrio en su vida.

Marte

Energía y efecto: Marte es el planeta de la acción, el impulso y la determinación en astrología. Representa nuestra energía física, ambición, motivación y capacidad para asumir riesgos y hacernos valer. La energía de Marte es dinámica, asertiva y apasionada, y le anima a perseguir sus objetivos con fuerza y convicción. En las cartas solares, la posición de Marte puede indicar un momento de mayor energía física, una necesidad de acción y asertividad, y un deseo de perseguir sus pasiones y objetivos con mayor determinación.

Glifo: el glifo de Marte es un círculo con una flecha apuntando hacia fuera, que representa la energía y la asertividad del planeta. También se dice que simboliza el escudo y la lanza del dios romano Marte, dios de la guerra y la agricultura.

Glifo de Marte

IZN1TEN, CC BY-SA 4.0 <https://creativecommons.org/licenses/by-sa/4.0>, a través de Wikimedia Commons https://commons.wikimedia.org/wiki/File:Mars_symbol.jpg

Palabras clave: Acción, agresión, pasión, coraje, fuerza, competición, afirmación, fuerza de voluntad.

Correspondencias planetarias: Las correspondencias planetarias de Marte incluyen el rojo y el negro, que representan su naturaleza intensa y enérgica. El martes es el día asociado a Marte, ideal para realizar actividades que requieran fuerza, valor y determinación. Los periodos estacionales asociados a Marte son el verano y el principio del otoño, y son las estaciones zodiacales de los signos Aries y Escorpio, que rige Marte. Estas estaciones son ideales para emprender nuevos proyectos, asumir riesgos y afirmarse con mayor convicción. Los metales como el hierro y el acero están asociados a Marte, y las piedras preciosas como el rubí y el granate.

Júpiter

Energía y efecto: Júpiter es el planeta más grande de nuestro sistema solar y representa el crecimiento, la expansión y la abundancia en astrología. Su energía es optimista, confiada y generosa, y nos anima a buscar oportunidades de crecimiento y abundancia. Júpiter está relacionado con el aprendizaje superior, la filosofía y la espiritualidad, y durante una revolución solar, su posición puede indicar un año de expansión, crecimiento y abundancia. También puede sugerir la búsqueda de estudios superiores, viajes espirituales y oportunidades de progreso personal y profesional.

Glifo: El glifo de Júpiter se parece al número 4, con una cruz o media Luna sobre un semicírculo. La media Luna representa la receptividad, mientras que la cruz o línea horizontal representa la materia. El medio círculo o semicírculo se asocia con el reino físico, y la línea vertical representa el espíritu. Juntos, estos símbolos sugieren la naturaleza expansiva, generosa y filosófica de Júpiter.

Glifo de Júpiter

Thyj, CC0, a través de Wikimedia Commons https://commons.wikimedia.org/wiki/File:Rma_-_lh.svg

Palabras clave: Expansión, crecimiento, abundancia, generosidad, optimismo, fe, sabiduría, estudios superiores, espiritualidad.

Correspondencias planetarias: Los colores asociados a Júpiter son el azul real y el púrpura, que reflejan su energía regia y expansiva. El jueves es el día asociado a Júpiter, por lo que es ideal para las búsquedas espirituales, el aprendizaje superior y la búsqueda de oportunidades de crecimiento. La energía de Júpiter es más potente durante el invierno, la estación zodiacal de Sagitario, que rige Júpiter. Esta época es ideal para ampliar horizontes, buscar nuevas experiencias y abrazar el sentido de la aventura.

Saturno

Energía y efecto: En astrología, Saturno es el planeta que rige la estructura, la responsabilidad, las limitaciones y la disciplina. Se asocia con el dios romano Saturno, el dios de la agricultura y el tiempo, a menudo representado sosteniendo una guadaña. En astrología, Saturno representa las áreas de la vida en las que es necesario asumir responsabilidades, trabajar duro y aprender lecciones a través de retos y limitaciones. Su energía es firme, paciente y duradera. Le anima a ser responsable y disciplinado en su enfoque de la vida. Cuando se trata del retorno solar, la posición de Saturno puede indicar un año de trabajo duro, desafíos y la necesidad de autodisciplina y perseverancia. También puede indicar un momento para aprender importantes lecciones de vida y asumir mayores responsabilidades.

Glifo: El glifo de Saturno se parece a una cruz con una media luna encima. La cruz representa el mundo material, mientras que la media luna simboliza el alma o el espíritu. Sugiere la necesidad de equilibrio e integración entre los reinos físico y espiritual.

Glifo de Saturno
https://upload.wikimedia.org/wikipedia/commons/archive/7/74/20061003140009%21Saturn_symbol.svg

Palabras clave: Responsabilidad, disciplina, estructura, limitaciones, retos, perseverancia, trabajo duro.

Correspondencias planetarias: Las correspondencias planetarias de Saturno incluyen el negro y el azul oscuro, que representan su energía seria y enraizada. El sábado se asocia con Saturno, un día para la introspección, el trabajo duro y la disciplina. El invierno es la estación asociada a Saturno, una época para la reflexión, el trabajo interior y la asunción de responsabilidades en la vida.

Urano

Energía y efecto: Urano es el planeta de la astrología que rige la innovación, el cambio y la rebelión. Está asociado al dios romano del cielo, Urano, que representa la libertad y el potencial ilimitado. En astrología, Urano representa su necesidad de independencia, individualidad y originalidad. También está relacionado con su capacidad para liberarse de las estructuras tradicionales y adoptar ideas nuevas y poco convencionales. La energía de Urano es eléctrica, impredecible y revolucionaria. Fomenta la innovación, la experimentación y el deseo de ser fiel a uno mismo. Cuando se trata del retorno solar, la posición de Urano puede indicar una época de cambios repentinos, avances y la necesidad de liberarse de viejos patrones y abrazar nuevas posibilidades.

Glifo: El glifo de Urano muestra un círculo que representa la naturaleza ilimitada del universo y una cruz encima que simboliza la materia y la limitación. Las medias lunas a ambos lados del glifo sugieren receptividad y apertura, mientras que la línea horizontal del centro representa un puente entre la materia y el espíritu.

Glifo de Urano

Palabras clave: Innovación, cambio, revolución, individualidad, independencia, experimentación, originalidad.

Correspondencias planetarias relacionadas con eventos: Urano está asociado a los colores azul, verde y al día sábado. Está vinculado al signo zodiacal de Acuario, lo que hace del invierno una época ideal para abrazar el cambio y explorar nuevas posibilidades. La energía de Urano durante este tiempo puede ayudarle a liberarse de viejas estructuras, abrazar la individualidad y experimentar con nuevas ideas.

Neptuno

Energía y efecto: Neptuno rige la imaginación, la intuición y la espiritualidad en astrología y se asocia con el dios romano del mar. Representa cómo conectamos con lo divino y nuestra capacidad de autotrascendencia. La energía de Neptuno nos anima a dejar de lado nuestra mente racional y a conectar con nuestra intuición y nuestras emociones más profundas. Su colocación durante una revolución solar puede indicar un momento de mayor sensibilidad, inspiración artística y crecimiento espiritual, pero también puede sugerir confusión o engaño si no se maneja bien.

Glifo: El glifo de Neptuno está formado por el tridente de Poseidón, el dios romano del mar, y la media luna de la receptividad, que sugiere apertura a la inspiración y la intuición. El tridente representa el poder de Neptuno para transformar, disolver fronteras y crear nuevas realidades.

Glifo de Neptuno
https://www.needpix.com/photo/30817/neptune-planet-symbols-zodiac-western-astrology

Palabras clave: Imaginación, intuición, creatividad, espiritualidad, sueños, ilusión, engaño, confusión.

Correspondencias planetarias: Las correspondencias planetarias de Neptuno incluyen el azul y el morado, que representan su naturaleza soñadora y mística. El jueves está asociado con Neptuno, ideal para realizar actividades neptunianas como la meditación, la oración y la expresión artística. El invierno es la estación zodiacal de Piscis, el signo regido por Neptuno, y es un momento ideal para conectar con la propia intuición, explorar el reino de los sueños y realizar prácticas espirituales. La energía de Neptuno durante esta estación es potente y puede ayudarle a disolver límites, abrir el corazón y acceder al reino de lo divino.

Plutón

Energía y efecto: Plutón es un planeta que rige la transformación y la regeneración en astrología. Su energía es intensa, poderosa y transformadora. Plutón está asociado al dios romano del inframundo y representa los aspectos sombríos y ocultos de la vida. En astrología, la energía de Plutón está relacionada con cuestiones de poder, control, obsesión y transformación. Es el planeta de los finales, los nuevos comienzos, la muerte y el renacimiento. Cuando Plutón ocupa un lugar destacado en una carta astral o durante un retorno solar, puede indicar un momento de profunda transformación, en el que se abandonan viejos patrones y se abrazan nuevas posibilidades.

Glifo: El glifo de Plutón es un círculo que representa el espíritu o el alma, con una media luna debajo, que simboliza la receptividad del alma. Encima de la media Luna hay una cruz, que representa la intersección del espíritu y la materia. Junto a la cruz hay una línea transversal que representa la energía de la transformación.

Glifo de Plutón
https://creazilla.com/nodes/2000075-pluto-clipart

Palabras clave: Transformación, poder, intensidad, renacimiento, regeneración, profundidad, obsesión.

Correspondencias planetarias: Las correspondencias planetarias de Plutón incluyen el color negro, que representa la energía intensa y transformadora del planeta. El martes es el día asociado a Plutón, ideal para profundizar en la propia sombra y explorar aspectos ocultos del ser. La estación asociada a Plutón es el invierno, cuando los días son más cortos y la noche más larga, lo que representa una época de oscuridad, introspección y transformación interior.

Más allá de los planetas

Otros cuerpos celestes son importantes en astrología y merece la pena echarles un vistazo cuando se trata de analizar su carta solar. Entre ellos están Quirón, Ceres y la luna negra Lilith.

Quirón

Energía y efecto: Quirón es un planeta menor en astrología que ha ganado cada vez más atención en los últimos años. En la mitología, Quirón era un centauro sabio conocido por sus habilidades curativas y sus conocimientos de medicina, astrología y artes. En astrología, Quirón representa nuestras heridas más profundas y el potencial de curación y transformación que surge al afrontarlas e integrarlas. Destaca las áreas en las que uno se siente herido, inadecuado o sin sanar y le anima a enfrentarse a estos problemas y a trabajar en ellos. Por lo tanto, la energía de Quirón se asocia al proceso de curación y crecimiento espiritual, así como a la capacidad de trascender las limitaciones personales y convertir el dolor en sabiduría.

Glifo: el glifo de Quirón tiene forma de llave con un círculo en la parte superior, que representa la apertura de puertas y el descubrimiento de conocimientos ocultos. También se dice que el glifo se asemeja al ojo de una cerradura, lo que sugiere la posibilidad de desbloquear partes ocultas o reprimidas de uno mismo.

Glifo de Quirón
https://commons.wikimedia.org/wiki/File:Chiron_symbol_%28fixed_width%29.svg

Palabras clave: Herida, curación, transformación, crecimiento espiritual, sabiduría, integración, dolor, trauma, tutoría.

Correspondencias planetarias: Quirón no se asocia tradicionalmente con correspondencias planetarias específicas relacionadas con acontecimientos, como colores o días de la semana. Sin embargo, sus temas de sanación y transformación lo convierten en una energía relevante con la que trabajar en momentos de crisis o transformación personal, como durante un retorno solar o durante transiciones vitales significativas. La energía de Quirón le anima a enfrentarse a sus heridas y limitaciones más profundas y a trabajar con ellas, lo que en última instancia conduce al crecimiento, la curación y la sabiduría. Trabajar con la energía de Quirón a través de la meditación, la terapia, el diario u otras formas de autorreflexión y sanación puede ser útil.

Ceres

Energía y efecto: Ceres es un asteroide astrológico que simboliza la nutrición y los ciclos de la vida y la muerte. Su energía es compasiva y protectora, y nos anima a cuidar de nosotros mismos y de los demás, a reconocer el crecimiento y los ciclos, y a honrar la tierra y sus ritmos. La posición de Ceres en una carta astral puede indicar su estilo de cuidado y su relación con la comida y la naturaleza. Por el contrario, en una carta solar, puede sugerir un año de mayor cuidado y crecimiento y una necesidad de autocuidado y una conexión más profunda con la tierra.

Glifo: Ceres está representada en astrología por el glifo de una guadaña o una hoz, que simboliza la cosecha y el cuidado de la vida.

Glifo de Ceres
https://upload.wikimedia.org/wikipedia/commons/c/ca/AstrologicalGlyphs-AsteroidsChaldean.jpg

Palabras clave: Crianza, nutrición, maternidad, crecimiento, agricultura, ciclos de vida y muerte.

Correspondencias planetarias: Las correspondencias planetarias de Ceres incluyen el verde y el marrón, que representan la energía terrenal y nutritiva de este asteroide. En astrología, Ceres no está asociado a ningún día de la semana o estación en concreto, pero a menudo se relaciona con la época de las cosechas en otoño, cuando la gente celebra la abundancia de las cosechas de la Tierra y agradece su generosidad. Ceres también se asocia con el signo zodiacal de Virgo, conocido por su sentido práctico, su atención al detalle y sus cualidades nutritivas.

La luna negra Lilith

Energía y efecto: la luna negra Lilith, también conocida como la "luna oscura", no es un planeta. Es un punto matemático en astrología que representa el apogeo de la Luna, o el punto de la órbita lunar más alejado de la Tierra. En astrología, la luna negra Lilith representa sus deseos más profundos, sus miedos y los aspectos ocultos de usted mismo que puede intentar reprimir o rechazar. Se asocia con el arquetipo de la "mujer salvaje" o "femenino oscuro", que representa el poder y la sabiduría que se pueden encontrar al abrazar a su yo sombrío y conectar con sus instintos primarios.

Glifo: El glifo de la luna negra de Lilith es una luna creciente sobre una cruz, que representa la energía primigenia, salvaje e instintiva de Lilith fusionándose con el mundo material. La luna creciente simboliza la naturaleza cíclica y misteriosa de la feminidad, mientras que la cruz sugiere un punto de intersección entre la materia y el espíritu. Este glifo representa el poder de Lilith como fuerza transformadora, instando a las personas a abrazar su naturaleza primigenia y a liberarse de las normas y limitaciones sociales.

Palabras clave: El yo en la sombra, instintos primarios, emoción cruda, deseos tabú, oscuridad interior, abrazar lo salvaje, poder femenino.

Correspondencias planetarias: La luna negra Lilith no es un planeta y no tiene correspondencias planetarias establecidas, pero algunos astrólogos la asocian con los colores negro y rojo oscuro. Se cree que su ubicación en la carta astral indica las áreas en las que una persona puede tener problemas con su yo sombrío o sus deseos reprimidos y en las que puede necesitar enfrentarse y aceptar estos aspectos de sí misma para encontrar la curación y la plenitud.

Capítulo tres: Cuando los planetas se mueven retrógradamente

Cuando un planeta se vuelve retrógrado, es como una danza celeste en la que el planeta parece retroceder en el cielo. Es como si el planeta diera un paso atrás en su movimiento habitual hacia delante, y esto puede tener algunos efectos interesantes aquí en la Tierra. Quizá se pregunte por qué un planeta se molestaría en hacer esta danza retrógrada. Bueno, se debe a la forma en que los planetas se mueven alrededor del Sol. A veces, cuando el planeta Tierra pasa junto a otro planeta en su órbita alrededor del Sol, puede parecer que ese planeta retrocede durante un tiempo. Esto no es más que una ilusión óptica, pero puede tener efectos muy reales en la vida de todos.

La posición de los planetas y sus movimientos alrededor del Sol definen su retrogradación

Horse power (H.P.), CC BY-SA 4.0 <https://creativecommons.org/licenses/by-sa/4.0>, a través de Wikimedia Commons https://commons.wikimedia.org/wiki/File:Planets2013.svg_and_the_sun.png

Mercurio retrógrado

Durante su retorno solar, la posición de Mercurio puede influir en su pensamiento, comunicación y capacidad de aprendizaje para el próximo año. Supongamos que Mercurio está retrógrado durante su revolución solar. En ese caso, puede indicar un momento de mayor actividad mental y la necesidad de mantenerse informado y flexible en el pensamiento y la comunicación. Puede que se encuentre revisando proyectos o relaciones pasadas, y puede ser un buen momento para la introspección y la reflexión. Es importante ser paciente y cauteloso en la comunicación y los viajes durante este tiempo y comprobar dos veces los detalles importantes para evitar malentendidos y errores. Por otro lado, si Mercurio está directo durante su retorno solar, puede significar un momento de progreso y claridad en la comunicación y el aprendizaje. Puede estar más centrado y ser más productivo en su trabajo, y pueden surgir nuevas oportunidades de crecimiento y expansión. En general, la posición de Mercurio durante su revolución solar puede proporcionarle valiosas ideas sobre la mejor manera de navegar el próximo año. Esta fase retrógrada se producirá de tres a cuatro veces al año.

Venus retrógrado

Durante su retorno solar, Venus retrógrado puede tener un impacto significativo en sus relaciones, finanzas y expresión creativa para el próximo año. Puede ser un momento de introspección, reflexión, reevaluación de sus valores y deseos en estas áreas. En cuanto a las relaciones, Venus retrógrado durante su revolución solar puede sacar a relucir asuntos del pasado o sentimientos no resueltos con su pareja o amigos. También puede conducir a una reevaluación de lo que desea en las relaciones y si ciertas conexiones servirán para su mayor bienestar.

Desde el punto de vista financiero, Venus retrógrado durante su revolución solar puede traerle gastos inesperados o cambios en sus ingresos. Es el momento de ser cauteloso con las inversiones y de reevaluar sus objetivos y prioridades financieras. Creativamente, Venus retrógrado durante su retorno solar puede provocar bloqueos o retrasos en proyectos artísticos. También puede ser un momento para reflexionar sobre sus pasiones creativas y si se alinean con sus valores y propósito. Este retroceso se produce una vez cada 18 a 19 meses.

Marte retrógrado

Durante la fase retrógrada de Marte, es posible que sienta una cierta ralentización o bloqueo en su capacidad para actuar o imponerse. Esto puede ser frustrante, pero es importante recordar que es solo temporal. Este período puede ser un buen momento para la introspección y la reflexión, ya que puede verse obligado a examinar sus motivaciones y deseos más de cerca.

Suponga que Marte está retrógrado en su carta solar. En ese caso, puede indicar que el próximo año será un tiempo de reflexión y reevaluación respecto a sus objetivos y deseos. Puede que se cuestione si va por el buen camino o que se sienta frustrado por retrasos u obstáculos. Sin embargo, también puede ser un momento de profunda perspicacia y crecimiento a medida que profundiza en el funcionamiento interno de su propia psique. Marte retrograda una vez cada dos años.

Júpiter retrógrado

Cuando Júpiter está retrógrado, su energía se vuelve hacia el interior, lo que puede llevarle a revisar sus creencias, valores y filosofía de vida y a realizar los ajustes necesarios. También puede ser un momento para centrarse en el crecimiento y el desarrollo personal, ya que puede sentir la necesidad de explorar nuevas ideas o experiencias. Si Júpiter está retrógrado en su carta solar, puede indicar un periodo de crecimiento interior y transformación. Puede cuestionar sus creencias o buscar una comprensión más profunda del mundo que le rodea. Puede ser una época de gran expansión y aprendizaje, siempre que esté dispuesto a abrirse a nuevas ideas y experiencias.

Sin embargo, Júpiter retrógrado también puede traer algunos retos. Puede que sienta que se le ha acabado la suerte o que sus metas y sueños están fuera de su alcance. Es importante recordar que esto es solo temporal y que el movimiento retrógrado de Júpiter está diseñado en última instancia para ayudarle a crecer y evolucionar. Júpiter retrógrada una vez al año.

Saturno retrógrado

Saturno es un planeta poderoso conocido por su energía seria y estructurada, por lo que las cosas pueden ponerse un poco intensas cuando se pone retrógrado. Ocurre una vez al año, dura cuatro meses y medio, cuando lo hace, la energía de Saturno se vuelve hacia el interior, lo que puede conducir a cierta introspección y reflexión. Es el momento de revisar sus responsabilidades, compromisos y logros y hacer los ajustes necesarios. También puede ser un momento para centrarse en sus límites personales, ya que puede sentir la necesidad de establecer límites y expectativas más claras para usted y para los demás.

Si este planeta está retrógrado en su revolución solar, puede indicar un periodo de trabajo duro y disciplina. Puede que sienta que tiene muchas responsabilidades u obligaciones que cumplir y que el camino que tiene por delante es largo y desafiante. Sin embargo, también puede ser una época de grandes logros y crecimiento, siempre que esté dispuesto a esforzarse y a centrarse en sus objetivos.

Urano retrógrado

En primer lugar, es importante entender qué representa Urano en astrología. A este planeta se le conoce como el "gran despertador" porque su energía se asocia con el cambio repentino, la innovación y la perturbación. Cuando Urano está retrógrado (una vez al año, con una duración de cinco meses), esta energía puede volverse hacia el interior y plantear preguntas y dudas muy arraigadas sobre su camino en la vida. Es posible que se sienta inquieto e inseguro sobre su situación actual y que sienta la tentación de hacer cambios repentinos o asumir riesgos.

Urano se asocia con los cambios repentinos y las perturbaciones, por lo que es posible que experimente acontecimientos inesperados o sorpresas durante este periodo. Esto podría manifestarse como un cambio repentino en su trabajo, el fin de una relación o una oportunidad inesperada. También podría ser un momento de mayor intuición y creatividad. Es posible que tenga ideas o descubrimientos repentinos en su trabajo o en su vida personal, o que se sienta más conectado con su lado creativo.

Neptuno retrógrado

Neptuno es un planeta asociado a menudo con la creatividad, la espiritualidad y la intuición. Y cuando se pone retrógrado, puede crear un cambio en la forma en que experimentamos estas energías. Neptuno es conocido como el "planeta de los sueños" porque su energía se asocia con la imaginación, la intuición y la conciencia espiritual. Cuando Neptuno está retrógrado, usted reflexiona sobre su mundo interior y los significados más profundos de sus experiencias. Es un momento de crecimiento espiritual, por lo que puede sentirse atraído por actividades creativas y espirituales, como el arte, la meditación o el yoga. Puede ser un buen momento para explorar su mundo interior y conectar con su yo más profundo.

Cuando Neptuno se pone retrógrado, su energía se desplaza hacia el interior, haciéndonos reflexionar sobre nuestro yo interior y nuestra conexión con el universo. Puede ser un momento de mayor creatividad, imaginación y percepción espiritual e intuitiva. Es posible que se sienta más en sintonía con su voz interior y más sensible a la energía que le rodea. Neptuno retrógrada anualmente y este periodo dura 6 meses.

Plutón retrógrado

En este momento, puede experimentar un intenso deseo de explorar los aspectos desconocidos u ocultos de usted mismo o de su vida, o una necesidad de enfrentarse a miedos e inseguridades profundamente arraigados. Durante su retorno solar, Plutón retrógrado puede ser un momento particularmente potente para el autodescubrimiento y el crecimiento. Esto puede implicar enfrentarse a viejos patrones o creencias que le frenan y encontrar la fuerza y el coraje para dejarlos ir. También es posible que se sienta atraído por experiencias que le empujen fuera de su zona de confort, ya sea viajar a un lugar nuevo, asumir un nuevo reto o explorar su espiritualidad.

Este puede ser un momento difícil, pero también puede ser increíblemente fortalecedor. Al enfrentarse a sus miedos e inseguridades, puede descubrir fuerzas y recursos ocultos en su interior que no sabía que existían. También puede descubrir que es más capaz de lo que nunca creyó posible de alcanzar sus metas y perseguir sus sueños. Plutón retrógrada anualmente y permanece así durante unos 6 meses.

Quirón retrógrado

Quirón retrógrado es un acontecimiento astrológico que puede afectar profundamente a su vida, en particular durante su retorno solar. A menudo se denomina a Quirón el "sanador herido" y representa la curación de las heridas emocionales y espirituales. Cuando Quirón está retrógrado, su energía se vuelve hacia el interior, lo que le lleva a reflexionar sobre sus propias heridas emocionales y espirituales. Su revolución solar puede significar un momento de curación y autodescubrimiento. Es posible que se sienta atraído por actividades o experiencias que le ayuden a explorar su mundo interior y a comprender más profundamente sus heridas emocionales y espirituales.

Por ejemplo, puede que se sienta obligado a explorar traumas del pasado o a retomar relaciones o situaciones que le provocan dolor emocional. Puede que se sienta atraído por la terapia, la meditación u otras prácticas espirituales que le ayuden a conectar con su yo interior y a procesar emociones difíciles. También puede descubrir que es más sensible a las emociones de los demás y que siente una mayor empatía y compasión por los que tienen dificultades. Este puede ser un momento difícil, ya que requiere que se enfrente a emociones y experiencias difíciles de su pasado. Sin embargo, también puede ser un momento de gran crecimiento y transformación personal, a medida que trabaja estos temas y emerge más fuerte y más consciente de sí mismo en el otro lado. Quirón retrógrada una vez al año, normalmente durante cinco meses.

Ceres retrógrado

Cuando se trata de su retorno solar, la energía retrógrada de Ceres puede significar un momento de reflexión sobre su relación con la crianza, el autocuidado y el amor propio. Es posible que se sienta atraído por actividades o experiencias que le ayuden a conectar con su niño interior y aprovechar sus instintos de crianza, como pasar tiempo en la naturaleza, practicar la atención plena o participar en actividades creativas. Este puede ser un momento para centrarse en el autocuidado y en nutrirse a un nivel más profundo. Puede que se sienta inspirado para explorar nuevas formas de atender sus necesidades físicas y emocionales, como adoptar un estilo de vida más saludable, buscar el apoyo de sus seres queridos o dar prioridad al descanso y la relajación.

También es posible que se encuentre más en sintonía con los ciclos de crecimiento y transformación y que sienta una mayor conexión con el mundo natural que le rodea. Este puede ser un momento poderoso para el crecimiento y la transformación personal, ya que puede aprovechar la energía de Ceres retrógrado y utilizarla para nutrir y apoyar su crecimiento interior. Es importante abordar este proceso con autocompasión y amabilidad, ya que nutrirse a uno mismo no siempre es fácil, especialmente si ha descuidado sus necesidades durante algún tiempo. Sin embargo, con la energía de Ceres retrógrado en su retorno solar, puede profundizar en su conexión consigo mismo y con el mundo que le rodea y emerger más fuerte, más resistente y más en sintonía con sus propias necesidades y deseos. Ceres se pone retrógrado una vez al año, normalmente durante tres meses y medio cada vez.

La luna negra Lilith retrógrada

Durante su retorno solar, la energía de la luna negra Lilith retrógrada puede significar un momento de introspección y reflexión sobre los aspectos más primarios de usted mismo, como sus deseos y miedos más profundos. Es posible que se sienta atraído por actividades o experiencias que le ayuden a explorar estos aspectos de sí mismo, como la participación en el trabajo de sombras, la exploración de su sexualidad o impulsos primarios, o la conexión con el mundo natural. Este puede ser un momento para abrazar su naturaleza interior y volver a conectar con las partes de sí mismo que puede haber reprimido o ignorado en el pasado. Puede que descubra que está más en contacto con sus instintos y su intuición y que puede acceder a una sensación más profunda de poder personal y confianza.

Sin embargo, con la energía de la luna negra Lilith retrógrada, es importante abordar este proceso con precaución y autoconciencia, ya que los aspectos primarios del yo pueden ser intensos y poderosos. Es importante ser consciente de sus límites y acercarse a estas energías con respeto y reverencia. Con la energía de la Luna negra Lilith retrógrada en su retorno solar, puede abrazar su poder interior y explorar los aspectos más oscuros y primarios de sí mismo de forma segura y constructiva. Este puede ser un momento de profundo crecimiento personal y transformación a medida que aprovecha la energía de Lilith y la utiliza para reclamar su poder y conectarse con su ser más verdadero y auténtico.

La Luna en sí no puede retrogradar, ya que siempre avanza en su órbita alrededor de la Tierra. Sin embargo, algunos astrólogos utilizan el término "luna negra Lilith" para referirse a un punto hipotético en el espacio que representa el punto más alejado de la Luna con respecto a la Tierra. Este punto puede cambiar en relación con la Tierra y los demás planetas, y algunos astrólogos creen que sus movimientos pueden influir en la experiencia humana. El hipotético punto en el espacio representado por la Luna negra Lilith puede considerarse en movimiento retrógrado con respecto a la Tierra. Sin embargo, este es un concepto algo controvertido en astrología, y no todos los astrólogos utilizan o están de acuerdo con el uso de la luna negra Lilith en sus interpretaciones.

Capítulo cuatro: Casas y signos del zodíaco 101

¿Qué son los signos del zodíaco?

Los signos del zodiaco son los 12 signos astrológicos basados en la división de la eclíptica en 12 partes iguales, cada una de las cuales recibe el nombre de una constelación situada en esa parte del cielo en la antigüedad. Los 12 signos son Aries, Tauro, Géminis, Cáncer, Leo, Virgo, Libra, Escorpio, Sagitario, Capricornio, Acuario y Piscis. Cada signo tiene sus propias características, rasgos de personalidad y simbolismo. La astrología los utiliza para ayudar a comprender los rasgos de la personalidad individual y la compatibilidad con los demás, así como para proporcionar una visión de los diferentes aspectos de la vida de una persona.

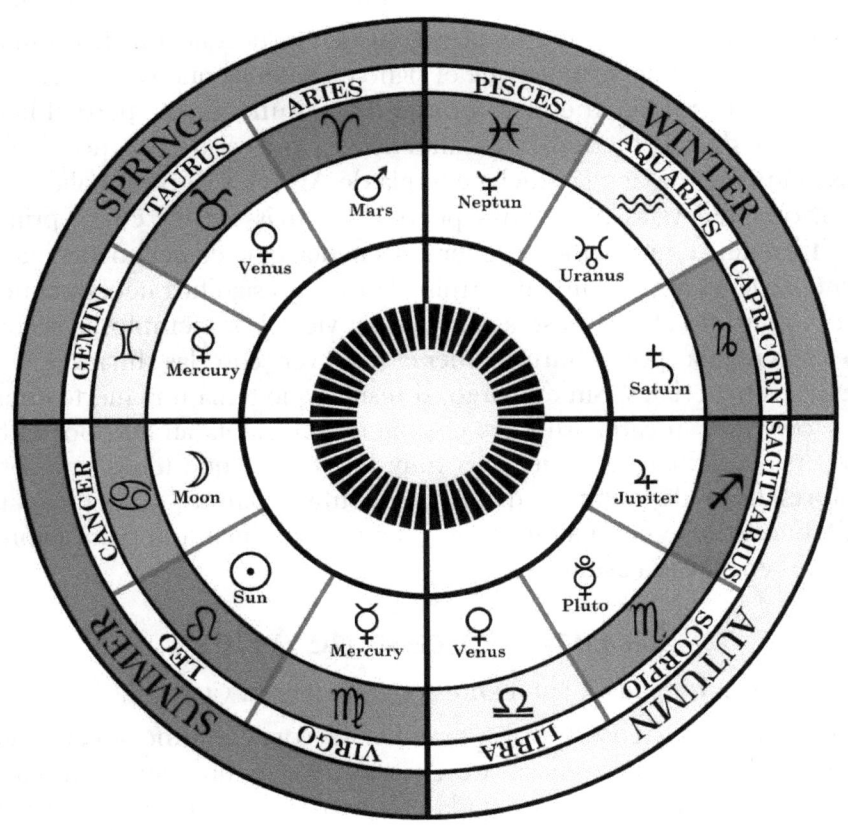

Las casas de la astrología

¿Qué son las casas?

En astrología, cada una de las 12 casas está asociada a un signo concreto del zodíaco, que rige sus temas y energías. Las casas comienzan con el ascendente, que es el signo que estaba en el horizonte en el momento del nacimiento de una persona.

Las casas representan diversos aspectos de la vida de una persona, como la personalidad, el cuerpo físico, las finanzas, el hogar, la pareja, la carrera, la espiritualidad y otros. Al examinar la ubicación de los planetas en las casas de una carta astral, los astrólogos pueden obtener información sobre la trayectoria vital de una persona, sus puntos fuertes y débiles, sus posibles retos y oportunidades. Cada casa tiene un simbolismo, temas y correspondencias únicos, que pueden ayudar a iluminar diferentes áreas de la vida de una persona y guiar su crecimiento y desarrollo personal.

Es importante tener en cuenta que el hecho de que un determinado signo rija una casa no significa que el signo en sí tenga que verse en su casa regente. Por ejemplo, Aries está a cargo de la primera casa, pero el hecho de que usted esté fuertemente influenciado por esta casa no significa necesariamente que tenga mucha energía de Aries en su personalidad. De hecho, otras energías planetarias pueden ser más fuertes en su primera casa. También es importante tener en cuenta que el hecho de que un signo no esté a cargo de una determinada casa no significa necesariamente que ese signo no afecte a ese aspecto de tu vida. Por ejemplo, la segunda casa está regida por Tauro, y tiene que ver con las finanzas y las posesiones materiales. Sin embargo, si resulta que tenía una fuerte energía de Escorpio en su carta astral, es posible que se sienta atraído por el tipo de inversiones financieras que son muy intensas, o que tenga una forma transformadora de tratar el dinero. En otras palabras, cualquier signo puede encontrarse en cualquier casa. Todo se reduce a la colocación de los signos en su carta astral.

La primera casa de Aries

Palabras clave: Identidad, autoexpresión, apariencia, vitalidad.

La primera casa en astrología también se conoce como ascendente y está asociada al signo zodiacal de Aries. Aries es un signo cardinal de fuego con un glifo que representa la cabeza y los cuernos de un carnero. Como signo de fuego, Aries es apasionado, impulsivo y orientado a la acción, mientras que su modalidad cardinal lo convierte en un líder e iniciador natural. Su polaridad es masculina, lo que refleja su energía asertiva y autodirigida. La conexión entre Aries y la primera casa proviene del hecho de que el ascendente es el signo situado en el horizonte oriental en el momento del nacimiento de una persona, y representa su aspecto exterior y cómo se presenta al mundo. Aries, como primer signo del zodíaco, se asocia con los nuevos comienzos, el autodescubrimiento y la acción, todos ellos temas importantes para la primera casa.

La primera casa es una casa angular, lo que significa que es una de las casas más poderosas y significativas de la carta. Representa el yo individual, la identidad, la personalidad, el cuerpo físico y la salud en general. La primera casa también se asocia con los primeros años de vida, con las experiencias y retos que dan forma al sentido del yo de una persona. Tener a Aries como regente de la primera casa en su carta solar indica que es probable que tenga un fuerte sentido del yo y de la identidad personal. Es posible que sea un líder natural o un iniciador que desea tomar las riendas y hacer que las cosas sucedan. Su aspecto físico y su salud también pueden ser importantes, y es posible que tenga un fuerte deseo de mantenerse activo y llevar un estilo de vida saludable.

Sin embargo, Aries también puede ser impulsivo y enfadarse con rapidez, por lo que es posible que deba trabajar para controlar sus emociones e impulsos de forma saludable. La primera casa también puede revelar información sobre sus antecedentes familiares, los retos u obstáculos a los que se haya enfrentado al principio de su vida, que hayan conformado su personalidad y su sentido de sí mismo. Puede comprenderse mejor a usted mismo y su trayectoria vital explorando los temas y energías asociados a la primera casa y a Aries.

La segunda casa de Tauro

Palabras clave: Posesiones materiales, valores, autoestima, seguridad financiera.

La relación entre Tauro y la segunda casa es que ambos representan las posesiones materiales, los recursos y la autoestima. Tauro es un signo de tierra asociado a la practicidad, la estabilidad y la seguridad, que son temas relevantes en la segunda casa. El glifo de Tauro representa la cabeza y los cuernos de un toro, lo que indica la tenacidad, la determinación y la voluntad de avanzar hacia adelante en lo que se desea. Tauro es un signo fijo, lo que significa que se centra en la estabilidad y la resistencia al cambio. Su polaridad es femenina (yin), receptiva, nutritiva e introspectiva.

La segunda casa representa sus recursos personales, incluidas sus posesiones, sus finanzas y su autoestima. Es la casa de la seguridad material y la estabilidad, así como de sus valores y prioridades en la vida. También indica su capacidad para gestionar los recursos, tanto financieros como sus talentos y habilidades. Tener una segunda casa fuerte en su carta solar puede indicar un enfoque en la construcción y acumulación de posesiones materiales y el desarrollo de un fuerte sentido de autoestima y autovaloración. También puede indicar un enfoque en la estabilidad, la gestión financiera, un aprecio por la belleza y los placeres de la vida. Una segunda casa débil o con problemas puede indicar dificultades para gestionar los recursos, problemas de autoestima o inestabilidad financiera.

También puede interesarle desarrollar sus habilidades y talentos para aumentar su potencial de ingresos. Igualmente es posible que necesite examinar su relación con el dinero, las posesiones y desarrollar un sentido más sano de la autoestima.

La tercera casa de Géminis

Palabras clave: Comunicación, aprendizaje, viajes cortos, hermanos.

La tercera casa está relacionada con la comunicación, el aprendizaje y el entorno inmediato. Géminis es un signo de aire con una modalidad mutable y una polaridad positiva, y su glifo representa a los gemelos, lo que significa dualidad y versatilidad. Las energías de la tercera casa reflejan la curiosidad intelectual, la capacidad de comunicación y la adaptabilidad de Géminis. Esta casa se ocupa de cómo se comunica, se expresa y recopila información. También representa su entorno inmediato, como hermanos, vecinos y rutinas diarias.

La tercera casa puede proporcionar información sobre cómo aprende y procesa la información, su estilo de comunicación, su relación con hermanos y vecinos. También muestra cómo se expresa creativamente a través de la escritura, la palabra u otros medios. Además, la tercera casa está relacionada con los viajes cortos, el transporte y la tecnología. Una tercera casa fuerte en una carta solar puede indicar a alguien muy comunicativo, adaptable y curioso. Puede destacar en campos como la escritura, la enseñanza, el periodismo o la oratoria. Sin embargo, una tercera casa débil o afectada puede sugerir dificultades de comunicación o aprendizaje, o problemas con hermanos o vecinos.

La cuarta casa de Cáncer

Palabras clave: Hogar, familia, raíces, seguridad emocional.

La cuarta casa se asocia con el hogar, la familia y la seguridad emocional, todos ellos temas importantes en la energía de Cáncer.

Cáncer es un signo de agua, representado por el glifo del cangrejo. Los signos de agua son conocidos por su profundidad emocional, sensibilidad e intuición. Cáncer es un signo cardinal, lo que significa que se asocia con la iniciativa, el liderazgo y la acción. También es un signo femenino o yin, lo que significa que es receptivo y nutritivo.

En astrología, la cuarta casa representa los cimientos de la vida física y emocional. Se asocia con el hogar, la familia, el sentido de la seguridad y las raíces. Esta casa representa el pasado, especialmente la infancia y la educación. Puede proporcionar información sobre la influencia de la dinámica familiar y su papel en la formación del sentido de identidad y las necesidades emocionales del individuo.

La cuarta casa también rige la vida privada, incluidos los aspectos más íntimos de uno mismo que no siempre son visibles para el público. Esta casa está relacionada con la salud emocional, el bienestar y el sentido de pertenencia y conexión con los demás. También puede proporcionar información sobre el modo en que una persona busca la comodidad y la seguridad en la vida, tanto física como emocionalmente.

Durante un retorno solar, la cuarta casa puede indicar un enfoque en el hogar y los asuntos familiares y una mayor necesidad de seguridad y estabilidad emocional. También puede sacar a relucir cuestiones relacionadas con el pasado, en particular las experiencias de la infancia, y cómo estás siguen influyendo en las necesidades emocionales y el sentido de la identidad. Un fuerte énfasis en la cuarta casa puede sugerir una necesidad de introspección, de trabajo interior y de centrarse en establecer una base sólida para el futuro.

La quinta casa de Leo

Palabras clave: Creatividad, autoexpresión, placer, niños.

La quinta casa está regida por Leo, conectado a esta casa porque ambos se relacionan con la creatividad, la autoexpresión y el placer. Leo es un signo de fuego fijo, representado por el glifo del león, que significa fuerza, valor y liderazgo. Su elemento fuego simboliza la pasión, el entusiasmo y la creatividad, mientras que su modalidad fija representa la estabilidad, la determinación y la persistencia. Su polaridad es yang, lo que significa que es extrovertida, activa y asertiva.

La quinta casa se conoce comúnmente como la casa de la creatividad, y está asociada a todas las formas de expresión personal, como el arte, la música, el teatro y la escritura. También está relacionada con las relaciones románticas, los hijos y las actividades de ocio. Esta casa representa la forma en que uno se expresa creativamente, busca el placer y el disfrute, y se relaciona con los demás en las relaciones románticas y sexuales. En una carta solar, la quinta casa puede proporcionar información sobre su expresión creativa, aficiones y actividades de ocio, así como sobre sus relaciones románticas y su actitud hacia el amor. También puede revelar el tipo de personas que le atraen y las cualidades que busca en una pareja. Además, la quinta casa puede indicar su relación con los hijos y las personas de su entorno.

La sexta casa de Virgo

Palabras clave: Trabajo, salud, rutina, servicio.

Virgo es un signo de tierra con el glifo de una doncella o virgen que sostiene un haz de trigo. Es un signo mutable, lo que significa que es adaptable y flexible, y también es un signo femenino o receptivo. La conexión entre la sexta casa y Virgo radica en su enfoque en los detalles, la organización y el sentido práctico. Virgo se asocia con el concepto de servicio, y la sexta casa suele estar relacionada con el trabajo y la salud, lo que indica un enfoque en ayudar a los demás y cuidar de uno mismo.

La sexta casa rige cómo se ocupa de sí mismo y de sus responsabilidades, y a menudo está vinculada a su relación con compañeros de trabajo y empleados. Una fuerte presencia de planetas en la sexta casa durante un retorno solar puede sugerir un momento de mayor atención al trabajo y a los asuntos de salud. Este puede ser un momento para la mejora personal y el mantenimiento de la rutina, ya sea estableciendo mejores hábitos para la productividad laboral o centrándose en la salud física y el autocuidado. También puede sugerir un momento de mayor responsabilidad y atención a los detalles en la vida cotidiana.

La séptima casa de Libra

Palabras clave: Relaciones, asociaciones, colaboración, matrimonio.

La conexión entre Libra, simbolizado por la balanza, y la séptima casa es que ambos están relacionados con las relaciones, el equilibrio y la armonía. Libra es un signo de aire asociado a la comunicación, las ideas y la estimulación mental. Es un signo cardinal proactivo, orientado a la acción y centrado en iniciar nuevos proyectos. Libra también es un signo masculino asociado con la asertividad y la expresión exterior.

La séptima casa suele denominarse la casa de las asociaciones, el matrimonio y los contratos. Representa sus relaciones con los demás, especialmente con sus socios sentimentales y comerciales. También se asocia con el equilibrio, la armonía, la diplomacia, la negociación y el compromiso. La séptima casa puede dar información sobre el tipo de personas que atrae y su enfoque de las relaciones y asociaciones. La séptima casa también puede revelar información sobre su lado oscuro, incluidas las cualidades y comportamientos que proyecta en sus parejas. También puede poner de manifiesto desequilibrios o problemas en sus relaciones que deben abordarse y resolverse.

La octava casa de Escorpio

Palabras clave: Transformación, recursos compartidos, intimidad, dinámica de poder.

Escorpio es un signo fijo de agua. Su glifo está representado por un escorpión, que simboliza la profunda intensidad emocional del signo y su capacidad para picar cuando se siente amenazado. El elemento agua representa las emociones y la intuición, mientras que la modalidad de fijo significa que Escorpio es estable y persistente en sus propósitos. Escorpio también es un signo femenino y se asocia con la polaridad del yin.

La conexión entre Escorpio y la octava casa se basa en sus temas comunes de transformación, regeneración e intimidad. Escorpio es conocido por su intenso deseo de poder y control, y la octava casa representa los recursos compartidos, como las finanzas, las herencias y las relaciones íntimas. Tanto Escorpio como la octava casa se ocupan de los aspectos más oscuros de la vida, como los secretos, los tabúes y la muerte.

En una carta solar, la octava casa significa transformación psicológica profunda, exploración, recursos compartidos e intimidad con los demás. Esta casa puede proporcionar una visión de las actitudes personales hacia el sexo, la muerte y otros temas tabú. La octava casa también se asocia con las herencias, las inversiones y las finanzas conjuntas, por lo que es un área importante para examinar la planificación financiera y la toma de decisiones. Además, la octava casa está relacionada con el concepto de renacimiento y transformación, lo que indica que esta casa puede proporcionar información sobre el crecimiento y la evolución personal.

La novena casa de Sagitario

Palabras clave: Enseñanza superior, viajes, filosofía, espiritualidad.

Sagitario es un signo de fuego con el glifo de un arquero disparando una flecha hacia el cielo. Es un signo mutable, que indica adaptabilidad y flexibilidad, y su elemento es el fuego, que representa la inspiración, la pasión y la creatividad. La polaridad de Sagitario es el yang, que se asocia con la asertividad, la confianza y la acción.

La conexión entre Sagitario y la novena casa radica en sus temas compartidos de exploración, expansión y aprendizaje superior. Sagitario es conocido por su amor a la aventura y la exploración, y la novena casa lo refleja a través de su asociación con la educación superior, los viajes, la filosofía y la espiritualidad. Tanto Sagitario como la novena casa buscan ampliar sus horizontes a través de actividades físicas o intelectuales.

En cuanto a su significado en una carta solar, la novena casa revela las actitudes de una persona hacia la educación superior, la filosofía y la espiritualidad. Indica su deseo de aprender y explorar el mundo que le rodea, su capacidad para comprender conceptos abstractos y su voluntad de buscar la verdad y el significado. La novena casa también refleja la relación de una persona con culturas extranjeras y su deseo de viajar y experimentar distintas formas de vida. Además de que puede revelar la actitud de una persona hacia la religión y su sentido de la vida.

La décima casa de Capricornio

Palabras clave: Carrera, reputación, imagen pública, autoridad.

Capricornio es un signo de tierra con el glifo de la cabra montés. Es un signo cardinal, lo que significa que se centra en actuar e iniciar el cambio. El elemento de Capricornio es la tierra, lo que lo hace práctico, con los pies en la tierra y centrado en el éxito material. Su modalidad también se asocia con la estructura y la organización, lo que lo convierte en un signo de autoridad y responsabilidad. Capricornio es un signo femenino yin, que representa las cualidades receptivas y reflexivas del universo.

La décima casa se conoce tradicionalmente como la casa de la carrera, la imagen pública y el estatus social. Representa nuestras aspiraciones, objetivos y logros en el mundo exterior. La décima casa es la casa del padre, de las figuras de autoridad y de las instituciones gubernamentales. También representa nuestro sentido del deber, la responsabilidad y la reputación. Esta casa está asociada a su legado y a cómo la sociedad le recuerda cuando ya no esté.

La posición de los planetas en la décima casa puede proporcionar información sobre su carrera y sus actividades profesionales. Muestra su nivel de ambición, su deseo de triunfar y el tipo de trabajo para el que es más apto. También puede revelar su relación con las figuras de autoridad, su necesidad de reconocimiento y aprobación, y su capacidad para asumir responsabilidades. La condición del regente de la décima casa, Saturno, puede indicar cómo maneja los retos y obstáculos en su vida profesional y el nivel de disciplina y concentración que aporta a su trabajo.

La undécima casa de Acuario

Palabras clave: Comunidad, grupos sociales, esperanzas y deseos, humanitarismo.

Acuario se asocia con la idea de comunidad y grupos sociales, y la undécima casa se asocia con las conexiones y redes sociales. Acuario es un signo de aire con el glifo de dos líneas onduladas que representan el agua o la electricidad. Su elemento es el aire, que representa el intelecto, la comunicación y la conexión social. Acuario es un signo fijo, lo que indica una naturaleza estable, persistente, su polaridad es masculina, representando la asertividad y la acción.

La undécima casa se asocia tradicionalmente con las esperanzas, los sueños, las aspiraciones, las amistades, los grupos y las organizaciones. Representa las redes que se forman y los círculos sociales a los que se pertenece. También se asocia con el humanitarismo, la filantropía y las causas sociales.

En una carta solar, también puede indicar sus aspiraciones y objetivos y su capacidad para trabajar con otros hacia un propósito común. El signo que rige la undécima casa también puede dar una idea de su enfoque de la conexión social y sus actitudes hacia la participación en la comunidad.

La duodécima casa de Piscis

Palabras clave: Mente subconsciente, espiritualidad, influencias ocultas, finales.

La duodécima casa se asocia con los finales, la espiritualidad y las influencias ocultas o subconscientes. Está regida por el signo zodiacal Piscis, conocido por sus cualidades oníricas e intuitivas. Piscis y la duodécima casa representan el reino de lo inconsciente y lo espiritual, ambos asociados con la entrega y la liberación.

El glifo de Piscis representa a dos peces nadando en direcciones opuestas, lo que refleja la naturaleza dualista del signo. Piscis es un signo mutable, adaptable y que fluye con las circunstancias cambiantes. El planeta regente de Neptuno se asocia con la imaginación, la intuición y la espiritualidad. El elemento de Piscis es el agua, que enfatiza la profundidad emocional y la sensibilidad, y su polaridad es femenina, que representa una energía pasiva, intuitiva y nutritiva.

La duodécima casa se asocia con la mente subconsciente, la espiritualidad y el final de los ciclos. Representa la necesidad de retiro y reflexión y puede asociarse con influencias ocultas y secretos. Los planetas en esta casa pueden indicar dónde puede experimentar finales o la necesidad de introspección en su vida y proporcionar información sobre su relación con la espiritualidad y su capacidad para rendirse y dejar de lado el control.

Capítulo cinco: Su ascendente de revolución solar

En astrología, el ascendente, también conocido como signo ascendente, es el signo zodiacal que se elevaba en el horizonte oriental en el momento del nacimiento. En una carta solar, el ascendente representa la "máscara" que lleva durante el año o cómo se presenta al mundo.

El ascendente en su carta solar puede indicar cómo puede cambiar su aspecto físico o cómo puede proyectar una imagen diferente al mundo. Además, el ascendente puede proporcionar pistas sobre los temas y las áreas de interés del próximo año, ya que marca el tono de toda la carta.

La ubicación del ascendente en una casa de la carta solar también puede ser significativa, ya que muestra qué área de la vida se enfatizará durante el año. Por ejemplo, supongamos que el ascendente cae en la cuarta casa. En ese caso, es posible que el año se centre en la familia, el hogar y la seguridad emocional. Si cae en la décima casa, puede centrarse en la carrera, la imagen pública y los logros.

Ascendentes en los signos

Aries

Cuando el ascendente solar está en Aries, puede indicar un año de nuevos comienzos. El individuo puede sentir una sensación renovada de vitalidad y energía y estar más dispuesto a emprender nuevos proyectos y retos. Esta posición también puede sugerir una necesidad de independencia y un deseo de afirmar la propia voluntad e identidad.

Tauro

En una carta solar, cuando el ascendente está en Tauro, puede indicar un año centrado en la estabilidad, la seguridad y el bienestar material. Puede ser un momento para construir los cimientos de la propia vida, como la compra de una casa o el inicio de un plan de inversión a largo plazo. La estabilidad financiera y la seguridad también pueden ser un foco importante, con oportunidades de crecimiento y expansión en esta área.

Géminis

Cuando el ascendente solar está en Géminis, sugiere que el próximo año será una época de mayor comunicación, trabajo en red y aprendizaje. Esto puede manifestarse como un aumento de la vida social, con oportunidades para conocer gente nueva y entablar conversaciones estimulantes. También puede indicar un mayor interés por aprender cosas nuevas, realizar cursos o cursar estudios superiores.

Cáncer

El ascendente en Cáncer indica que el próximo año será una época de crecimiento emocional e introspección. Esta colocación sugiere que el individuo estará más en contacto con sus sentimientos y puede tener una mayor necesidad de seguridad y estabilidad emocional. Es posible que se sienta más sensible de lo habitual y que necesite dedicar tiempo a cuidarse y a nutrirse.

Leo

En Leo destacan los temas de la autoexpresión, la creatividad y el liderazgo. Es posible que durante el próximo año se encuentre en posiciones de autoridad o liderazgo, y es probable que se sienta cómodo y seguro en estos papeles. También es probable que su energía creativa sea alta y que tenga éxito en sus esfuerzos creativos o artísticos. Es un buen momento para mostrar su talento y compartir su perspectiva única con los demás.

Libra

El ascendente en Libra puede indicar un año centrado en las relaciones y en crear armonía en su vida. El ascendente en Libra puede aportar un sentido de equilibrio y perspectiva al año, ayudando a facilitar las negociaciones y el compromiso en situaciones difíciles. Este puede ser un año en el que las relaciones ocupen el centro del escenario, y puede haber oportunidades para profundizar en las conexiones existentes o formar otras nuevas.

Escorpio

El ascendente en Escorpio en la carta solar puede indicar un año de transformación y renovación. Esto puede implicar dejar ir viejos patrones y creencias y abrazar un sentido más auténtico y poderoso de uno mismo. También puede haber un enfoque en la profundización de las conexiones emocionales con los demás, ya que Escorpio es un signo que es conocido por su capacidad para formar lazos intensos.

Sagitario

El próximo año será un tiempo de aventura, exploración y crecimiento. El individuo puede sentir un fuerte deseo de viajar física y mentalmente, y puede tener oportunidades para hacerlo. También puede sentirse atraído por la educación superior o las búsquedas espirituales.

Capricornio

A Capricornio le espera un año centrado en su carrera y en la consecución de objetivos. Puede ser una época de mayores responsabilidades y de necesidad de disciplina y estructura. También puede sugerir el deseo de establecer o consolidar su reputación o estatus en un campo particular. Esto puede implicar asumir nuevos retos o dar un paso adelante en funciones de liderazgo.

Acuario

Esta colocación puede indicar un año de nuevas ideas, enfoques no convencionales y de liberarse de las normas sociales. Puede haber un deseo de destacar y ser único, lo que podría ser un buen momento para probar cosas nuevas y asumir riesgos. Este emplazamiento también puede indicar un enfoque hacia la justicia social y las causas humanitarias, con oportunidades para influir positivamente en el mundo. Es importante mantener una mente abierta y aceptar el cambio durante este tiempo, ya que la energía de Acuario fomenta la innovación y el pensamiento de futuro.

Piscis

Si el ascendente cae en Piscis, sugiere que el tema del año venidero influirá fuertemente en la energía pisciana, lo que podría significar un enfoque en la espiritualidad, la creatividad y la profundidad emocional. Es posible que se sienta atraído por actividades artísticas o humanitarias y que sienta una mayor conexión con su intuición y sus capacidades psíquicas.

Ascendentes en las casas
Aries

Casa 1: Este emplazamiento indica un año de nuevos comienzos, asertividad e independencia, centrado en tomar la iniciativa y ser audaz en sus propias acciones.

Casa 2: Aquí, el individuo puede centrarse en los recursos personales, los valores y los asuntos financieros durante el año, con un potencial para adoptar un enfoque más asertivo y activo en la gestión de sus recursos.

Casa 3: La comunicación, el aprendizaje y los viajes de corta distancia pueden acentuarse durante el próximo año, centrándose en la independencia y la puesta en práctica de las propias ideas.

Casa 4: Con este emplazamiento, el año se centra en el hogar, la familia y la seguridad emocional. También puede haber una necesidad de afirmarse en estas áreas, lo que puede dar lugar a conflictos o desafíos con los miembros de la familia o problemas relacionados con la independencia y la autonomía dentro de la esfera doméstica.

Casa 5: Espere centrarse en la creatividad, la autoexpresión y asumir riesgos en asuntos del corazón. Este emplazamiento también puede sugerir un período de mayor confianza y energía, un deseo de diversión y aventura.

Casa 6: Aries en la sexta casa sugiere un enfoque en el trabajo, la salud y las rutinas diarias durante el próximo año. Puede haber un mayor impulso para tomar medidas y hacer cambios en estas áreas y una necesidad de equilibrar la asertividad con la cooperación en el lugar de trabajo.

Casa 7: El año que viene se centrará en las relaciones, las asociaciones y la colaboración, con posibles temas de autoafirmación e iniciativa en estas áreas.

Casa 8: Se espera un año centrado en la transformación, las experiencias intensas y la posibilidad de encontrarse con problemas emocionales o psicológicos profundos.

Casa 9: En la novena casa, Aries sugiere un enfoque en la exploración, los viajes, la educación y el crecimiento espiritual durante el próximo año.

Casa 10: Su atención se centrará en su carrera, imagen pública y estatus durante el próximo año.

Casa 11: El año girará en torno a las redes sociales, las amistades y las actividades de grupo, con un potencial para el liderazgo o la asertividad en estas áreas.

Casa 12: Durante el próximo año, es posible que tenga que enfrentarse a patrones subconscientes, emociones y asuntos espirituales.

Tauro

Casa 1: El ascendente en Tauro con retorno solar en la primera casa indica un enfoque en la estabilidad, la seguridad y la comodidad material en el próximo año, con un énfasis potencial en los valores personales y la autoestima.

Casa 2: Este emplazamiento sugiere un enfoque en la estabilidad financiera, las posesiones materiales y la autoestima durante el año del retorno solar.

Casa 3: Aquí, hay un enfoque en la comunicación práctica y las relaciones estables y cómodas con hermanos y vecinos.

Casa 4: Su atención debe centrarse en el hogar y la vida familiar durante el próximo año, haciendo hincapié en la creación de una base estable y segura para usted.

Casa 5: El ascendente en Tauro en la quinta casa sugiere un enfoque en la autoexpresión creativa, el placer y el disfrute, con un énfasis potencial en el romance y las relaciones.

Casa 6: El ascendente en Tauro con retorno solar en la sexta casa sugiere un enfoque en la estabilidad, la rutina en el trabajo y los asuntos de salud durante el próximo año.

Casa 7: Tener a Tauro como ascendente con retorno solar en la séptima casa sugiere un año de estabilidad potencial y arraigo en las asociaciones y relaciones, centrándose en los aspectos materiales y prácticos de los recursos compartidos.

Casa 8: El ascendente en Tauro en la octava casa sugiere un enfoque en la estabilidad financiera, los recursos compartidos y la transformación profunda durante el año del retorno solar.

Casa 9: Tener a Tauro como ascendente con retorno solar en la novena casa sugiere un enfoque en asuntos prácticos relacionados con la educación superior, los viajes o la espiritualidad durante el próximo año.

Casa 10: Un ascendente Tauro con retorno solar en la décima casa sugiere un enfoque en la carrera, la estabilidad y el éxito material durante el próximo año.

Casa 11: El ascendente en Tauro con retorno solar en la undécima casa sugiere un enfoque en las amistades, los grupos sociales y las metas personales, así como una necesidad de estabilidad y practicidad en estas áreas.

Casa 12: El ascendente en Tauro en la duodécima casa sugiere un año de introspección, retiro y la necesidad de examinar y liberarse de viejos patrones y apegos.

Géminis

Casa 1: Con un ascendente con retorno solar Géminis en la primera casa, puede haber un enfoque en la comunicación, la estimulación mental y la versatilidad en el próximo año, con un énfasis potencial en la identidad personal y la autoexpresión.

Casa 2: Este emplazamiento sugiere centrarse en la recopilación de información para aumentar la estabilidad financiera y las posesiones materiales durante el año del retorno solar.

Casa 3: Aquí, puede haber un enfoque en la comunicación con los hermanos y vecinos, así como la estimulación mental y la educación, durante el próximo año.

Casa 4: Su atención debe centrarse en el hogar y la vida familiar, así como en la comunicación dentro de la unidad familiar durante el año del retorno solar.

Casa 5: El ascendente en Géminis en la quinta casa sugiere un enfoque en la comunicación y la estimulación mental, en la autoexpresión creativa y las relaciones románticas.

Casa 6: Este emplazamiento sugiere un enfoque en la estimulación mental y la comunicación en asuntos laborales y de salud, enfatizando la versatilidad y la adaptabilidad.

Casa 7: Con un ascendente con retorno solar Géminis en la séptima casa, puede haber un enfoque en la comunicación y la estimulación mental en las asociaciones y relaciones, con un énfasis potencial en la compatibilidad intelectual.

Casa 8: Este emplazamiento sugiere un enfoque en la comunicación y la recopilación de información para obtener una comprensión más profunda y una transformación en los recursos compartidos y las relaciones íntimas.

Casa 9: Con un ascendente con retorno solar Géminis en la novena casa, puede haber un enfoque en la estimulación mental y los viajes en asuntos relacionados con la educación superior, la espiritualidad o los viajes de larga distancia.

Casa 10: Este emplazamiento sugiere un enfoque en la comunicación, la creación de redes y la versatilidad de la carrera y la imagen pública durante el año del retorno solar.

Casa 11: El ascendente en Géminis con retorno solar en la undécima casa sugiere un enfoque en la comunicación y la estimulación mental en grupos sociales y metas personales, con un énfasis potencial en las conexiones intelectuales y la creación de redes.

Casa 12: Este emplazamiento sugiere un año de introspección y reflexión sobre los patrones de comunicación y los hábitos mentales, así como la necesidad de liberarse de viejos patrones y apegos relacionados con la comunicación y la estimulación mental.

Cáncer

Casa 1: Un ascendente con retorno solar en Cáncer en la primera casa indica un enfoque en la sensibilidad emocional y el cuidado propio, con un énfasis potencial en la autoalimentación y el crecimiento personal.

Casa 2: Esta colocación sugiere un enfoque en la seguridad financiera y la estabilidad emocional, potencialmente enfatizando la creación de una base estable y segura para sí mismo.

Casa 3: Aquí, hay un enfoque en la comunicación y la conexión con los hermanos y vecinos, con un énfasis potencial en el apoyo emocional y la crianza.

Casa 4: Su atención debe estar en el hogar y la vida familiar, con un énfasis potencial en la conexión emocional y la crianza en la esfera doméstica.

Casa 5: El ascendente con retorno solar en Cáncer en la quinta casa sugiere un enfoque en la autoexpresión creativa y la realización emocional, con un énfasis potencial en las relaciones románticas y las pasiones personales.

Casa 6: Un ascendente Cáncer con retorno solar en la sexta casa sugiere un enfoque en el bienestar emocional y el cuidado propio en el trabajo y los asuntos de salud durante el próximo año.

Casa 7: Tener Cáncer como ascendente con retorno solar en la séptima casa sugiere un año de potencial conexión emocional, nutrición en asociaciones y relaciones, enfocándose en crear una base emocional segura y protegida.

Casa 8: El ascendente en Cáncer en la octava casa sugiere un enfoque en la seguridad emocional y la transformación de los recursos compartidos y las relaciones íntimas durante el año del retorno solar.

Casa 9: El ascendente en Cáncer en la novena casa sugiere un enfoque en el crecimiento emocional y la nutrición en asuntos relacionados con la educación superior, los viajes o la espiritualidad durante el próximo año.

Casa 10: Un ascendente con retorno solar en Cáncer en la décima casa sugiere un enfoque en la realización emocional y la crianza en la carrera y la vida pública durante el próximo año.

Casa 11: Un ascendente en Cáncer con retorno solar en la undécima casa sugiere un enfoque en la conexión emocional y el apoyo en amistades, grupos sociales y metas personales.

Casa 12: Un ascendente en Cáncer con retorno solar en la duodécima casa sugiere un año de introspección emocional, retiro y la necesidad de examinar y liberar viejos patrones y apegos emocionales.

Leo

Casa 1: Un ascendente con retorno solar en Leo en la primera casa indica un año de autoexpresión, poder personal e individualidad, con énfasis en la creatividad, la pasión y la confianza.

Casa 2: Tener a Leo como ascendente con retorno solar en la segunda casa sugiere un enfoque en la estabilidad financiera y los valores personales, enfatizando la inversión en usted mismo y en sus pasiones.

Casa 3: Un ascendente en Leo con retorno solar en la tercera casa sugiere un enfoque en la autoexpresión, la comunicación, la creatividad en las relaciones con hermanos y vecinos.

Casa 4: Esta colocación sugiere un enfoque en el hogar y la vida familiar durante el año con retorno solar, enfatizando el poder personal, el liderazgo y la autoexpresión creativa en esta área.

Casa 5: El ascendente en Leo en la quinta casa sugiere un año de autoexpresión apasionada, romance y creatividad, con un énfasis potencial en los niños y la fertilidad.

Casa 6: El ascendente con retorno solar en Leo en la sexta casa sugiere un enfoque en la creatividad, el liderazgo en asuntos de trabajo y salud durante el próximo año.

Casa 7: Esta colocación sugiere un enfoque en el poder personal y el liderazgo en las asociaciones y relaciones, con énfasis en la creatividad, la autoexpresión y la individualidad.

Casa 8: Tener a Leo como ascendente con retorno solar en la octava casa sugiere un enfoque en el poder personal, la estabilidad financiera y la transformación durante el año.

Casa 9: Un ascendente en Leo con retorno solar en la novena casa sugiere un enfoque en la creatividad y la autoexpresión en asuntos relacionados con la educación superior, los viajes o la espiritualidad.

Casa 10: Esta colocación sugiere un enfoque en el liderazgo y el éxito en la esfera pública, con énfasis en la creatividad, la autoexpresión y la individualidad.

Casa 11: Tener a Leo como ascendente con retorno solar en la undécima casa sugiere un año de liderazgo en amistades, grupos sociales y metas personales.

Casa 12: El ascendente con retorno solar en Leo en la duodécima casa sugiere un año de introspección y retiro, potencialmente enfatizando la autoexpresión creativa y la curación.

Libra

Casa 1: Un ascendente con retorno solar en Libra en la primera casa sugiere un enfoque en el equilibrio, la armonía y la estética en el próximo año, con un énfasis potencial en las relaciones personales y las asociaciones.

Casa 2: Tener a Libra como ascendente con retorno solar en la segunda casa sugiere un enfoque en las asociaciones financieras y los recursos compartidos y un deseo de equilibrio y armonía en los asuntos materiales.

Casa 3: Este emplazamiento sugiere un enfoque en la comunicación y las relaciones con hermanos y vecinos, enfatizando potencialmente la creación de conexiones armoniosas y pacíficas.

Casa 4: Un ascendente con retorno solar en Libra en la cuarta casa sugiere un enfoque en el hogar y la vida familiar durante el próximo año, enfatizando la creación de un ambiente doméstico pacífico y armonioso.

Casa 5: Este emplazamiento sugiere un enfoque en la autoexpresión creativa y el placer, potencialmente enfatizando las búsquedas artísticas y las relaciones románticas.

Casa 6: Un ascendente con retorno solar en Libra en la sexta casa sugiere un enfoque en el equilibrio y la armonía en el trabajo y los asuntos de salud, con énfasis en la creación de un ambiente de trabajo pacífico y armonioso.

Casa 7: Tener a Libra como ascendente con retorno solar en la séptima casa sugiere un año de potencial armonía, equilibrio y enraizamiento en las asociaciones y relaciones, con un enfoque en la creación de conexiones armoniosas y equitativas.

Casa 8: Este emplazamiento sugiere un enfoque en los recursos compartidos y la transformación profunda durante el año del retorno solar, con un énfasis potencial en la creación de equilibrio y armonía en estas áreas.

Casa 9: Un ascendente con retorno solar en Libra en la novena casa sugiere un enfoque en la educación superior, los viajes o la espiritualidad durante el próximo año, haciendo hincapié en la creación de una perspectiva armoniosa y equilibrada en estas áreas.

Casa 10: Esta colocación sugiere un enfoque en la carrera y la imagen pública, enfatizando potencialmente la creación de una reputación equilibrada y armoniosa durante el próximo año.

Casa 11: Tener a Libra como ascendente con retorno solar en la undécima casa sugiere un enfoque en las amistades, los grupos sociales y las metas personales, con énfasis en crear conexiones armoniosas y equitativas en estas áreas.

Casa 12: Este emplazamiento sugiere un año de introspección, retiro y necesidad de examinar y liberar viejos patrones y apegos para crear una perspectiva espiritual más equilibrada y armoniosa.

Escorpio

Casa 1: Un ascendente con retorno solar en Escorpio en la primera casa sugiere un año de transformación personal y empoderamiento, potencialmente enfatizando el autodescubrimiento y la intensidad.

Casa 2: El ascendente con retorno solar en Escorpio en la segunda casa sugiere un enfoque en la transformación financiera, la profundización de los propios valores y la intensidad potencial en cuestiones de autoestima.

Casa 3: Tener a Escorpio como ascendente con retorno solar en la tercera casa sugiere un enfoque en la comunicación y las relaciones profundas y transformadoras con hermanos y vecinos.

Casa 4: El ascendente con retorno solar en Escorpio en la cuarta casa sugiere un año de emociones intensas y transformaciones potenciales relacionadas con el hogar y los asuntos familiares.

Casa 5: El ascendente con retorno solar en Escorpio en la quinta casa sugiere un año de profunda conexión emocional e intensidad en la autoexpresión creativa y las relaciones románticas.

Casa 6: El ascendente con retorno solar en Escorpio en la sexta casa sugiere un enfoque en la transformación profunda y la curación en asuntos de trabajo y salud.

Casa 7: Tener Escorpio como ascendente con retorno solar en la séptima casa sugiere un año de profunda conexión emocional e intensidad en las asociaciones y relaciones, con una necesidad potencial de transformación y empoderamiento en estas áreas.

Casa 8: El ascendente con retorno solar en Escorpio en la octava casa sugiere un enfoque en la transformación profunda y el empoderamiento relacionados con los recursos compartidos y la sexualidad durante el año.

Casa 9: El ascendente con retorno solar en Escorpio en la novena casa sugiere un año de profunda transformación e intensidad en la educación superior, los viajes o los asuntos relacionados con la espiritualidad.

Casa 10: Tener Escorpio como ascendente con retorno solar en la décima casa sugiere un enfoque en la transformación profunda y el empoderamiento en la carrera y la vida pública durante el próximo año.

Casa 11: El ascendente con retorno solar en Escorpio en la undécima casa sugiere un enfoque en amistades profundas y transformadoras, grupos sociales y metas personales.

Casa 12: El ascendente con retorno solar en Escorpio en la duodécima casa sugiere un año de reflexión, transformación y necesidad de liberarse de lo viejo.

Sagitario

Casa 1: Con un ascendente con retorno solar en Sagitario en la primera casa, puede haber un enfoque en el crecimiento personal, la libertad y la aventura en el próximo año, así como un deseo de expandir los propios horizontes.

Casa 2: Este emplazamiento sugiere centrarse en el crecimiento financiero, la estabilidad y potencialmente enfatizar los valores personales y la autoestima.

Casa 3: Con Sagitario como ascendente con retorno solar en la tercera casa, puede haber un enfoque en la comunicación, el aprendizaje y los viajes durante el próximo año, con un énfasis potencial en la expansión del conocimiento y la perspectiva de uno.

Casa 4: Esta colocación sugiere un enfoque en el hogar y la vida familiar y la necesidad de libertad e independencia dentro de estas áreas.

Casa 5: Un ascendente con retorno solar en Sagitario en la quinta casa sugiere un enfoque en la autoexpresión creativa, el placer y el disfrute, con un énfasis potencial en los viajes, la aventura y el romance.

Casa 6: Con Sagitario como ascendente con retorno solar en la sexta casa, puede haber un enfoque en el trabajo, la salud y el servicio durante el próximo año, con un énfasis potencial en el crecimiento y la expansión en estas áreas.

Casa 7: Esta colocación sugiere un enfoque en las asociaciones y relaciones, con un énfasis potencial en el crecimiento, la aventura y las experiencias compartidas.

Casa 8: Un ascendente con retorno solar en Sagitario en la octava casa sugiere un enfoque en la transformación profunda y el crecimiento y un énfasis potencial en los recursos compartidos y la estabilidad financiera.

Casa 9: Con Sagitario como ascendente con retorno solar en la novena casa, puede haber un enfoque en la educación superior, los viajes y la espiritualidad durante el próximo año, con un énfasis potencial en el crecimiento y la expansión en estas áreas.

Casa 10: Este emplazamiento sugiere un enfoque en la carrera, la reputación y la imagen pública, así como una necesidad de crecimiento y expansión personal en estas áreas.

Casa 11: Un ascendente con retorno solar en Sagitario en la undécima casa sugiere un enfoque en las amistades, los grupos sociales y los objetivos personales, con un énfasis potencial en el crecimiento, la aventura y las experiencias compartidas.

Casa 12: Este emplazamiento sugiere un año de introspección con énfasis en el crecimiento personal y la expansión espiritual.

Capricornio

Casa 1: El ascendente con retorno solar en Capricornio en la primera casa sugiere un enfoque en la responsabilidad personal, la disciplina y los logros durante el próximo año, con énfasis en la practicidad y el trabajo duro.

Casa 2: Tener a Capricornio como ascendente con retorno solar en la segunda casa sugiere un enfoque en la estabilidad financiera, la seguridad y las posesiones materiales durante el próximo año.

Casa 3: Esta colocación sugiere un enfoque en la comunicación práctica y las relaciones estables con hermanos y vecinos, con un énfasis potencial en asuntos relacionados con la carrera.

Casa 4: Un ascendente con retorno solar en Capricornio en la cuarta casa sugiere un enfoque en el hogar y la vida familiar durante el próximo año, haciendo hincapié en la creación de una base estable y segura para uno mismo.

Casa 5: Este emplazamiento sugiere un enfoque en el trabajo duro, la disciplina y la creatividad práctica, con un énfasis potencial en las relaciones románticas y el placer.

Casa 6: El ascendente con retorno solar en Capricornio en la sexta casa sugiere un enfoque en la responsabilidad y la disciplina en el trabajo y los asuntos de salud durante el próximo año.

Casa 7: Tener a Capricornio como ascendente con retorno solar en la séptima casa sugiere un año de estabilidad potencial y arraigo en las asociaciones y relaciones, con un enfoque en la practicidad y los recursos materiales.

Casa 8: Esta colocación sugiere un enfoque en la transformación profunda y la practicidad en asuntos relacionados con los recursos compartidos, las finanzas y la intimidad.

Casa 9: Un ascendente con retorno solar en Capricornio en la novena casa sugiere un enfoque en asuntos prácticos relacionados con la educación superior, los viajes o la espiritualidad durante el próximo año.

Casa 10: Tener a Capricornio como ascendente con retorno solar en la décima casa sugiere un enfoque en la carrera, el estatus y los logros durante el próximo año, con énfasis en la practicidad y el trabajo duro.

Casa 11: Esta colocación sugiere un enfoque en las amistades, los grupos sociales y los objetivos personales, así como una necesidad de practicidad y disciplina en estas áreas.

Casa 12: Capricornio en la casa 12 indica una naturaleza reservada y seria hacia la exploración de la mente subconsciente y la espiritualidad. Es posible que le cueste expresar sus emociones y que le resulte beneficioso explorar su mundo interior y encontrar formas de conectar con sus sentimientos.

Acuario

Casa 1: Tener a Acuario como ascendente con retorno solar en la primera casa sugiere un enfoque en la individualidad, la innovación y la autoexpresión no convencional durante el próximo año.

Casa 2: Este emplazamiento sugiere un enfoque en la estabilidad financiera, la innovación y la autoestima a través de talentos y recursos únicos durante el año del retorno solar.

Casa 3: Aquí, hay un enfoque en la comunicación innovadora, las relaciones con los hermanos y vecinos, un énfasis potencial en la tecnología y la creación de redes.

Casa 4: Su atención debe estar en el hogar y la vida familiar durante el próximo año, haciendo hincapié en la creación de una situación de vida única y poco convencional.

Casa 5: El ascendente de Acuario en la quinta casa sugiere un enfoque en la autoexpresión creativa, la individualidad y la experimentación, con un énfasis potencial en actividades grupales o colectivas.

Casa 6: El ascendente con retorno solar en Acuario en la sexta casa sugiere un enfoque en la innovación y la experimentación en asuntos laborales y de salud durante el próximo año.

Casa 7: Tener a Acuario como ascendente con retorno solar en la séptima casa sugiere un año de experimentación potencial, asociaciones y relaciones no convencionales, con un enfoque en las conexiones intelectuales y sociales.

Casa 8: El ascendente con retorno solar en Acuario en la octava casa sugiere centrarse en asociaciones financieras y emocionales innovadoras, en la transformación y regeneración durante el año de revolución solar.

Casa 9: Tener Acuario como ascendente con retorno solar en la novena casa sugiere un enfoque en la educación superior no convencional, los viajes o la espiritualidad durante el próximo año.

Casa 10: Un ascendente con retorno solar en Acuario en la décima casa sugiere centrarse en objetivos profesionales únicos y en una imagen pública innovadora durante el próximo año.

Casa 11: El ascendente con retorno solar en Acuario en la undécima casa sugiere centrarse en amistades, grupos sociales y metas personales, priorizando la innovación, la experimentación y la conexión intelectual.

Casa 12: Acuario en la duodécima casa sugiere una persona altamente individualista con puntos de vista poco convencionales respecto a la espiritualidad o la mente subconsciente. Esta colocación también puede sugerir una persona que se beneficia de tiempo a solas y puede tener un profundo interés en la exploración de su mundo interior a través de medios no convencionales.

Piscis

Casa 1: Un ascendente Piscis con retorno solar en la primera casa sugiere una concentración en la sensibilidad emocional, la creatividad y el crecimiento espiritual durante el próximo año.

Casa 2: Este emplazamiento sugiere un enfoque en la autoestima, la seguridad financiera y las posesiones materiales durante el año del retorno solar.

Casa 3: Aquí, hay un enfoque en la comunicación emocional, la creatividad y el crecimiento espiritual en las relaciones con hermanos y vecinos.

Casa 4: Su atención debe centrarse en la estabilidad emocional, la seguridad en el hogar y la vida familiar durante el próximo año, con un énfasis potencial en la crianza y el cuidado de los seres queridos.

Casa 5: El ascendente Piscis con retorno solar en la quinta casa sugiere un enfoque en la autoexpresión creativa, la espiritualidad y las conexiones emocionales con los demás.

Casa 6: Un ascendente Piscis con retorno solar en la sexta casa sugiere un enfoque en la sensibilidad emocional, el crecimiento espiritual en el trabajo y los asuntos de salud durante el próximo año.

Casa 7: Tener Piscis como ascendente con retorno solar en la séptima casa sugiere un año de potencial profundidad emocional y sensibilidad en las asociaciones y relaciones.

Casa 8: El ascendente en Piscis con retorno solar en la octava casa sugiere un enfoque en la transformación emocional, la espiritualidad y las conexiones emocionales profundas durante el año del retorno solar.

Casa 9: Tener Piscis como ascendente con retorno solar en la novena casa sugiere un enfoque en el crecimiento espiritual, la sensibilidad emocional y la creatividad relacionada con la educación superior, los viajes o la filosofía durante el próximo año.

Casa 10: Tener el ascendente con retorno solar en Piscis en la décima casa sugiere una concentración en la sensibilidad emocional, la espiritualidad y la autoexpresión creativa durante el próximo año.

Casa 11: El ascendente con retorno solar en Piscis en la undécima casa sugiere una concentración en las amistades, los grupos sociales, los objetivos personales que se alinean con la sensibilidad emocional, la creatividad y la espiritualidad.

Casa 12: Piscis en la duodécima casa representa una colocación en la que el individuo puede ser altamente intuitivo y sensible al reino espiritual. Es posible que tenga problemas con los límites y que necesite encontrar formas de enraizarse en el mundo físico.

Capítulo seis: Los planetas en las casas

Ha llegado el momento de volver a hablar de los planetas. Este capítulo es muy importante porque tendrá que volver a él cuando lea su carta solar.

La primera casa

Sol: Cuando el Sol se encuentra en la primera casa, puede experimentar un aumento de la confianza y la autoestima. Irradiará energía y se sentirá más firme que de costumbre. También podría sentirte más inclinado a asumir roles de liderazgo y hacer valer su autoridad.

Luna: Cuando la Luna está en la primera casa, sus emociones e instintos se agudizan. Puede encontrarse más sensible de lo habitual y tener una intuición más fuerte. Estará más en sintonía con sus emociones, pero también puede ser más malhumorado e impredecible.

Mercurio: Cuando Mercurio está en la primera casa, estará más comunicativo y hablador de lo habitual. Será rápido para expresar sus pensamientos e ideas y disfrutará compartiendo sus opiniones. Esta colocación también indica una mente aguda y buenas habilidades de comunicación.

Venus: Cuando Venus está en la primera casa, será más atractivo y encantador que de costumbre. Se preocupará más por su apariencia y se inclinará a poner más esfuerzo en su estilo personal. Esta colocación también indica un fuerte deseo de amor y afecto.

Marte: Cuando Marte está en la primera casa, tendrá mucha energía y entusiasmo. Será más asertivo y agresivo de lo normal y puede que se sienta inclinado a correr riesgos. Este emplazamiento también indica un fuerte deseo de actividad física y un espíritu competitivo.

Júpiter: Cuando Júpiter está en la primera casa, se sentirá optimista y entusiasmado con la vida. Tendrá un sentido de propósito y puede que sienta que está en una misión para conseguir algo importante. Esta colocación también indica buena suerte Y éxito.

Saturno: Cuando Saturno está en la primera casa, puede sentirse restringido o limitado de alguna manera. Puede ser más cauteloso de lo normal y tender a contenerse. Esta posición también indica la necesidad de disciplina y estructura en su vida.

Urano: Será más independiente y poco convencional de lo habitual cuando Urano esté en la primera casa. Tendrá un fuerte deseo de libertad y puede que se incline a rebelarse contra la autoridad. Esta colocación también indica una necesidad de emoción y cambio.

Neptuno: Cuando Neptuno está en la primera casa, será más imaginativo e intuitivo de lo normal. Puede que se sienta más inclinado a soñar despierto o a perderse en sus pensamientos. Este emplazamiento también indica un fuerte deseo de actividades espirituales o creativas.

Plutón: Cuando Plutón está en la primera casa, experimentará profundos cambios y transformaciones en su vida. Es posible que tenga un fuerte deseo de poder y control y que se sienta inclinado a enfrentarse a los desafíos de frente. Este emplazamiento también indica una necesidad de crecimiento personal y autodescubrimiento.

Quirón: Cuando Quirón está en la primera casa, es posible que tenga problemas de autoimagen o sentimientos de inadecuación. Sin embargo, esta colocación también indica un fuerte potencial para el autodescubrimiento y el crecimiento personal a medida que trabaja sus heridas y aprende a abrazar su verdadero yo.

Ceres: Representa la crianza, la maternidad y los ciclos de crecimiento y decadencia. Cuando Ceres se encuentra en la primera casa, es posible que sienta un fuerte deseo de cuidar y nutrir a los demás, pero también puede tener problemas con los límites y con ponerse a usted mismo en primer lugar. Esta colocación también indica una necesidad de autocuidado, nutrición y potencial para nuevos comienzos y crecimiento personal.

La luna negra Lilith: Cuando la luna negra Lilith está en la primera casa, es posible que tenga una vena rebelde o poco convencional y que luche con las expectativas o normas sociales. Sin embargo, esta colocación también indica un fuerte potencial para el autodescubrimiento, abrazar sus verdaderos deseos y pasiones, incluso si van en contra del status quo.

La segunda casa

Sol: Cuando el Sol se encuentra en la segunda casa, es posible que sienta una gran autoestima y confianza en su capacidad para atraer la abundancia y las posesiones materiales. Esta colocación también puede indicar un enfoque en la construcción de la seguridad financiera y la estabilidad.

Luna: Cuando la Luna está en la segunda casa, es posible que se sienta fuertemente conectado a sus posesiones y comodidades materiales. También puede estar más atento a sus necesidades emocionales y dar prioridad al autocuidado y a las prácticas de pulcro.

Mercurio: Cuando Mercurio está en la segunda casa, usted puede ser un hábil negociador que articula sus necesidades y deseos financieros. También es posible que le atraiga el trabajo relacionado con las ventas o la gestión financiera.

Venus: Cuando Venus está en la segunda casa, es posible que le gusten el lujo y las posesiones materiales. También puede atraer oportunidades financieras a través de su encanto y habilidades sociales. Esta colocación también puede indicar un deseo de relaciones armoniosas y una necesidad de equilibrar sus deseos materiales con sus necesidades emocionales.

Marte: Cuando Marte está en la segunda casa, puede estar muy motivado para perseguir el éxito financiero y asumir riesgos para lograr sus objetivos. También puede ser competitivo en asuntos financieros y tener problemas con los gastos excesivos o las compras impulsivas.

Júpiter: Cuando Júpiter está en la segunda casa, puede experimentar un crecimiento financiero y oportunidades de éxito material. Esta colocación también puede indicar la necesidad de equilibrar su deseo de posesiones materiales con sus creencias espirituales y filosóficas.

Saturno: Cuando Saturno está en la segunda casa, es posible que experimente dificultades o limitaciones financieras. Esta colocación también puede indicar la necesidad de responsabilidad financiera y de centrarse en objetivos financieros a largo plazo.

Urano: Cuando Urano está en la segunda casa, puede experimentar cambios repentinos e inesperados en su situación financiera. También puede tener un enfoque poco convencional del dinero y estar dispuesto a asumir riesgos y probar cosas nuevas para lograr el éxito financiero.

Neptuno: Cuando Neptuno está en la segunda casa, es posible que tienda a idealizar la riqueza y que tenga problemas con los límites o limitaciones financieras. También es posible que tenga talento para las actividades creativas o artísticas que pueden llevarle a obtener beneficios económicos.

Plutón: Cuando Plutón está en la segunda casa, puede experimentar una transformación en su relación con el dinero y las posesiones materiales. También puede tener talento para comprender los aspectos más profundos y ocultos de las finanzas y ser capaz de utilizar este conocimiento en su beneficio.

Quirón: Cuando Quirón está en la segunda casa, es posible que luche con sentimientos de indignidad o inseguridad relacionados con asuntos financieros. Sin embargo, este emplazamiento también indica un potencial de curación y crecimiento a medida que supera estas heridas y aprende a valorarse a usted mismo y a sus talentos.

Ceres: Cuando Ceres está en la segunda casa, es posible que encuentre alimento emocional a través de sus posesiones y seguridad financiera. También puede tener tendencia a cuidar de los demás por medios económicos y ser generoso con sus recursos. Por otro lado, es posible que luche contra la posesividad o el apego a las posesiones materiales y que necesite trabajar para encontrar la satisfacción emocional más allá de los bienes materiales.

La luna negra Lilith: Cuando la luna negra Lilith está en la segunda casa, puede temer a la pobreza o a la inseguridad financiera, lo que puede llevarle a un fuerte impulso por acumular riquezas. Alternativamente, puede tener una actitud rebelde o inconformista hacia el dinero y puede rechazar las normas sociales en torno a la riqueza y las posesiones materiales. Este emplazamiento también puede indicar un potencial de transformación y crecimiento a medida que se enfrenta a sus miedos y deseos más profundos relacionados con el dinero.

La tercera casa

Sol: Tiene un fuerte deseo de expresarse a través de la comunicación y puede disfrutar compartiendo sus ideas con los demás. Esta colocación también puede indicar una fuerte conexión con los hermanos o un deseo de conectar con su comunidad local.

Luna: Tiene una curiosidad natural y un deseo de aprender sobre diversos temas. También puede tener una estrecha relación con sus hermanos o disfrutar pasando tiempo en su comunidad local. Sin embargo, esta colocación también puede indicar una tendencia a la ansiedad y el nerviosismo en situaciones sociales.

Mercurio: Este es un emplazamiento natural para Mercurio, el planeta de la comunicación y el aprendizaje. Tiene una mente rápida y puede disfrutar aprendiendo y compartiendo información con los demás. También puede ser hábil escribiendo, hablando o enseñando.

Venus: Tiene un estilo de comunicación encantador y amistoso que puede hacerle popular en situaciones sociales. También puede amar el arte, la belleza y la estética y disfrutar expresándose creativamente a través de la escritura o la oratoria.

Marte: Tiene un enfoque competitivo y enérgico de la comunicación, lo que puede convertirle en un eficaz polemista u orador. Sin embargo, esta colocación también puede indicar una tendencia hacia la impaciencia y la impulsividad en su estilo de comunicación.

Júpiter: Tiene un entusiasmo natural por aprender y puede disfrutar explorando nuevos temas o ideas. Esta posición también puede indicar talento para enseñar o guiar a otros.

Saturno: Es posible que luche contra la duda o la ansiedad en torno a sus habilidades comunicativas, lo que le llevará a ser cauteloso o reservado a la hora de hablar o escribir. Sin embargo, esta colocación también puede indicar un potencial para desarrollar una fuerte disciplina y concentración en sus actividades mentales.

Urano: Tiene un enfoque innovador y poco convencional de la comunicación y puede disfrutar explorando ideas nuevas y poco convencionales. Este signo también puede indicar la posibilidad de que se produzcan repentinas ideas o avances en su aprendizaje o actividad mental.

Neptuno: Tiene una gran intuición y puede que le atraigan los temas espirituales o místicos. Sin embargo, esta colocación también puede indicar un potencial de confusión o engaño en sus actividades mentales, por lo que es importante mantener los pies en la realidad.

Plutón: Tiene un fuerte deseo de poder y control en su comunicación y puedes sentirse atraído por temas de investigación. Esta colocación también puede indicar un potencial de profunda transformación y crecimiento en sus actividades mentales.

Quirón: Cuando Quirón se encuentra en la tercera casa, es posible que haya vivido una experiencia difícil o traumática relacionada con la comunicación o el aprendizaje. Sin embargo, este emplazamiento también puede indicar un potencial de profunda curación y transformación a través del desarrollo de sus habilidades comunicativas o la exploración de nuevos temas.

Ceres: Cuando Ceres está en la tercera casa, es posible que le guste cuidar a los demás a través de la comunicación, la enseñanza o la tutoría. Alternativamente, puede luchar con la codependencia o luchar para expresar sus propias necesidades en las relaciones.

La luna negra Lilith: Cuando la luna negra Lilith está en la tercera casa, puede tener un miedo profundo a expresarse o luchar con la comunicación de alguna manera. Esta colocación también puede indicar un potencial de transformación y crecimiento a medida que se enfrenta y trabaja a través de sus miedos y deseos más profundos en torno a la comunicación y el aprendizaje.

La cuarta casa

Sol: Usted siente un profundo apego por su hogar y su familia, y puede darles prioridad por encima de todo. También desea seguridad y estabilidad emocional.

Luna: Este es un emplazamiento natural para la luna, el planeta de las emociones y la crianza. Tiene una profunda conexión emocional con su hogar y su familia y puede que disfrute cocinando, cuidando o atendiendo a los demás.

Mercurio: Tiene una fuerte conexión con sus raíces y la historia familiar y disfruta investigando o aprendiendo sobre su ascendencia. También le interesa mucho la psicología o el funcionamiento interno de la mente.

Venus: Desea belleza, comodidad y armonía en su hogar y puede disfrutar decorando, entreteniendo u organizando reuniones para amigos y familiares.

Marte: Desea poder y control en su hogar y en las relaciones familiares. Existe un potencial de conflicto o tensión dentro de su dinámica familiar.

Júpiter: Anhela expansión y crecimiento dentro de su hogar y vida familiar y una exploración espiritual o filosófica dentro de su dinámica familiar.

Saturno: Posee un fuerte sentido de la responsabilidad o del deber hacia su familia, lo que puede provocar sentimientos de restricción o limitación. Existe la posibilidad de desarrollar fuertes límites o de establecer una base estable dentro de su vida hogareña.

Urano: Busca libertad e independencia en su hogar y en su vida familiar. Esta posición también puede indicar cambios inesperados o repentinos en la dinámica familiar.

Neptuno: Tiene una fuerte conexión con el reino espiritual o místico y puede encontrar consuelo en su hogar o en su vida familiar. Puede experimentar confusión o ilusión dentro de su dinámica familiar.

Plutón: Desea poder y control dentro de su hogar y relaciones familiares y una oportunidad para una profunda transformación o agitación dentro de su dinámica familiar.

Quirón: Cuando Quirón está en la cuarta casa, es posible que haya vivido una experiencia difícil o traumática relacionada con su hogar o su vida familiar. Sin embargo, este emplazamiento también puede ofrecerle una profunda curación y crecimiento a través de la exploración de su historia familiar o la crianza de su niño interior.

Ceres: Es posible que tenga un fuerte deseo de cuidar y alimentar a su familia, pero puede tener problemas de codependencia o de límites. Puede desarrollar una fuerte inteligencia emocional y prácticas de autocuidado.

La luna negra Lilith: Cuando la luna negra Lilith está en la cuarta casa, puede que no se sienta particularmente confiado con respecto a su familia o vida hogareña. Experimentará un crecimiento a medida que se enfrenta y trabaja sus miedos y deseos más profundos en torno a la familia y la seguridad emocional.

La quinta casa

Sol: Es probable que tenga un fuerte impulso creativo y que se sienta atraído por el arte, la música o el teatro. También es posible que le guste correr riesgos y ser el centro de atención.

Luna: Las emociones y la creatividad están estrechamente entrelazadas para esta persona, que puede encontrar la satisfacción emocional a través de la autoexpresión. También querrá nutrir y cuidar a los niños.

Mercurio: Esta posición sugiere una persona muy comunicativa a la que le gusta utilizar el lenguaje de forma creativa. Es posible que le atraigan las actividades intelectuales, como la escritura o la enseñanza.

Venus: El romance y la creatividad están estrechamente ligados a esta persona, que puede disfrutar de fantasías románticas y expresarse a través del arte o la música. Si este es su caso, buscará conectar con los demás a un nivel emocional profundo.

Marte: Usted es muy competitivo y puede disfrutar arriesgándose en actividades creativas. También le gustan las actividades físicas como los deportes o la danza.

Júpiter: Es optimista y le gusta arriesgarse en actividades creativas. Desea explorar nuevas experiencias y puede sentirse atraído por la aventura y los viajes.

Saturno: Es posible que experimente limitaciones o restricciones con respecto a la expresión creativa, pero esta colocación también puede indicar el potencial para desarrollar disciplina y estructura en sus actividades artísticas. También puede tener dificultades o desafíos en sus relaciones románticas.

Urano: Desea la innovación y la experimentación en sus esfuerzos creativos y puede sentirse atraído por expresiones artísticas poco convencionales o vanguardistas.

Neptuno: Tiene una profunda conexión con su intuición creativa y puede encontrar consuelo en actividades artísticas o espirituales. Cuidado con la confusión o la ilusión en las relaciones románticas.

Plutón: Desea poder e intensidad en sus esfuerzos creativos y puede sentirse atraído hacia temas transformadores o tabú. Existe la posibilidad de conexiones emocionales y sexuales profundas en las relaciones románticas.

Quirón: Cuando Quirón está en la quinta casa, es posible que haya vivido una experiencia difícil o traumática relacionada con su expresión creativa o sus relaciones románticas. Sin embargo, esta colocación permite una profunda curación y crecimiento a través de la exploración de sus talentos creativos o el desarrollo de un sano sentido de autoestima en las relaciones.

Ceres: Su deseo de cuidar y nutrir sus relaciones románticas es fuerte, y puede experimentar problemas de codependencia o de límites. Puede desarrollar un fuerte sentido de amor propio e independencia en las relaciones.

La luna negra Lilith: Cuando la luna negra Lilith está en la quinta casa, puede experimentar un profundo miedo o desconfianza en su expresión creativa o relaciones románticas. Espere transformación y crecimiento a medida que se enfrenta y trabaja a través de sus miedos y deseos más profundos en torno a la expresión creativa y la intimidad romántica.

La sexta casa

Sol: El Sol en la sexta casa puede hacer que se concentre mucho en su trabajo y su salud, y puede sentirse muy orgulloso de estar al servicio de los demás.

Luna: Con la Luna en la sexta casa, puede que sea bastante sensible a las necesidades de los que le rodean y que tenga que tener cuidado de no volverse demasiado crítico o autocrítico en su deseo de estar al servicio de los demás.

Mercurio: Mercurio en la sexta casa puede convertirle en un excelente solucionador de problemas y comunicador, especialmente en el ámbito del trabajo y la salud.

Venus: Venus en la sexta casa puede otorgarle talento para crear armonía en su lugar de trabajo y cuidar de sus necesidades de salud y bienestar.

Marte: Con Marte en la sexta casa, puede que sea muy impulsivo y se centre en lograr sus objetivos en el trabajo y la salud, pero es posible que deba tener cuidado de no esforzarse demasiado.

Júpiter: Júpiter en la sexta casa puede traer oportunidades de crecimiento y expansión en su trabajo y salud, pero puede necesitar tener cuidado de no excederse en la comida u otros placeres.

Saturno: Saturno en la sexta casa puede traer un sentido de responsabilidad y disciplina a sus rutinas de trabajo y salud, pero también puede luchar con el perfeccionismo o la autocrítica.

Urano: Urano en la sexta casa puede traer cambios repentinos o interrupciones en sus rutinas de trabajo y salud, el potencial para la innovación y nuevas ideas.

Neptuno: Neptuno en la sexta casa puede dificultar el mantenimiento de los límites y el discernimiento de lo que es real en su vida laboral y sanitaria, pero también le otorga un fuerte sentido intuitivo.

Plutón: Plutón en la sexta casa puede traer intensas transformaciones a sus rutinas de trabajo y salud, pero también puede traer luchas de poder o problemas con el control.

Quirón: Quirón en la sexta casa puede traer viejas heridas o traumas relacionados con su trabajo o salud, pero también le da la oportunidad de sanar y crecer.

Ceres: Ceres en la sexta casa puede indicar un fuerte instinto de crianza o cuidado en su trabajo y vida de salud, y puede encontrar satisfacción en ayudar a los demás.

La luna negra Lilith: La luna negra Lilith en la sexta casa puede traer a colación temas relacionados con el poder y el control en su trabajo o rutinas de salud, y es posible que necesite confrontar y liberar estos patrones para encontrar el equilibrio.

La séptima casa

Sol: Puede sentirse más seguro y expresivo en las relaciones personales cuando el Sol está en su séptima casa, pero tenga cuidado de no dejar que su ego se interponga en el camino del compromiso.

Luna: Puede que esté emocionalmente en sintonía con las necesidades y estados de ánimo de su pareja cuando la Luna se encuentre en su séptima casa, pero sea consciente de las tendencias codependientes y de la necesidad de establecer límites saludables.

Mercurio: La comunicación y la compatibilidad intelectual pueden ser factores importantes en sus asociaciones cuando Mercurio está en su séptima casa, pero tenga cuidado de no volverse demasiado analítico y distante.

Venus: Es posible que priorice la armonía y la belleza en sus relaciones cuando Venus esté en su séptima casa, pero tenga cuidado de no comprometerse demasiado para evitar conflictos.

Marte: Es posible que valore la asertividad y la pasión en sus relaciones de pareja cuando Marte esté en su séptima casa, pero tenga cuidado con la agresividad y la necesidad de una comunicación y negociación sanas.

Júpiter: Es posible que busque el crecimiento y la expansión en sus relaciones cuando Júpiter esté en su séptima casa, pero tenga cuidado con comprometerse demasiado e ignorar las señales de alarma.

Saturno: Puede experimentar desafíos y lecciones en su relación de pareja cuando Saturno está en su séptima casa, pero con paciencia y compromiso, puede construir un vínculo fuerte y duradero.

Urano: Puede que ansíe la libertad y la imprevisibilidad en sus relaciones cuando Urano esté en su séptima casa, pero tenga cuidado con la impulsividad y la necesidad de estabilidad.

Neptuno: Es posible que tenga una visión romántica e idealista de sus relaciones de pareja cuando Neptuno se encuentre en su séptima casa, pero tenga cuidado con las desilusiones y la necesidad de establecer límites claros.

Plutón: Puede experimentar relaciones intensas y transformadoras cuando Plutón está en su séptima casa, pero tenga cuidado con las luchas de poder y la necesidad de respeto y confianza mutuos.

Quirón: Puede encontrar heridas y oportunidades de sanación en sus relaciones de pareja cuando Quirón está en su séptima casa, pero con vulnerabilidad y honestidad, puede profundizar su conexión y crecimiento.

Ceres: Puede valorar la crianza y el cuidado en sus relaciones cuando Ceres está en su séptima casa, pero sea consciente de la codependencia y la necesidad de autocuidado.

La luna negra Lilith: Es posible que se enfrente a problemas de poder y control en sus relaciones de pareja cuando la luna negra Lilith está en su séptima casa, pero con la autoconciencia y el empoderamiento, puede transformar y sanar estas dinámicas.

La octava casa

Sol: El Sol en la octava casa sugiere que puede tener un profundo interés por descubrir verdades ocultas y explorar los misterios de la vida. También es posible que sienta un fuerte deseo de transformarse a sí mismo y a los demás a través del crecimiento personal y el autodescubrimiento.

Luna: La Luna en la octava casa indica que puede tener experiencias emocionales intensas y una fuerte conexión con su mente subconsciente. También puede interesarle la psicología y explorar los aspectos más oscuros de la naturaleza humana.

Mercurio: Mercurio en la octava casa sugiere que tiene una mente aguda y un gran interés por investigar lo desconocido. Puede que se le dé muy bien investigar y descubrir secretos, ya sea en su vida personal o en el trabajo.

Venus: Venus en la octava casa indica un profundo deseo de intimidad y conexión en sus relaciones. Debería considerar explorar los aspectos tabú o poco convencionales del amor y la sexualidad.

Marte: Marte en la octava casa sugiere que tiene un gran impulso para triunfar y superar obstáculos, particularmente en áreas relacionadas con el poder y el control. Pruebe una carrera que implique trabajo de investigación.

Júpiter: Júpiter en la octava casa indica que posee una fuerte intuición y un interés por explorar temas espirituales y metafísicos. Se le pueden dar muy bien los negocios y las finanzas, sobre todo en áreas relacionadas con las inversiones y la investigación.

Saturno: Saturno en la octava casa sugiere que tiene un enfoque serio y disciplinado para explorar los misterios de la vida. Lo más probable es que tenga un don para el liderazgo y la gestión, especialmente en el ámbito de las finanzas y los negocios.

Urano: Urano en la octava casa indica que tiene una actitud única y poco convencional para explorar lo desconocido. Explora su inclinación por la tecnología y la innovación, especialmente en áreas relacionadas con la investigación y el descubrimiento.

Neptuno: Neptuno en la octava casa sugiere que posee una naturaleza altamente intuitiva y empática. Es posible que disfrute explorando los aspectos espirituales y místicos de la vida, la creatividad y las artes.

Plutón: Plutón en la octava casa indica que tiene un poderoso impulso para transformarse a sí mismo y a los demás. Le encanta explorar temas tabú y descubrir verdades ocultas, especialmente en áreas relacionadas con la psicología y el ocultismo.

Quirón: Quirón en la octava casa sugiere que usted tiene una herida profunda relacionada con cuestiones de poder y control. Podría estar entre los mejores en curación y transformación, particularmente en áreas relacionadas con la psicología y el crecimiento personal.

Ceres: Ceres en la octava casa indica que tiene una fuerte conexión con la naturaleza y los ciclos de la vida y la muerte. Le interesa explorar temas relacionados con la alimentación y la nutrición y con la crianza de los demás.

La luna negra Lilith: La luna negra Lilith en la octava casa sugiere que puede que tenga una relación compleja con su poder y sexualidad. Es posible que le guste explorar temas tabú y descubrir verdades ocultas, especialmente en áreas relacionadas con lo femenino y lo oculto.

La novena casa

Sol: Cuando el Sol está en la novena casa, es posible que sienta un fuerte deseo de explorar nuevas culturas y sistemas de creencias. Su sentido de sí mismo puede estar ligado a su capacidad para ampliar sus horizontes y expandir sus conocimientos.

Luna: La Luna en la novena casa sugiere que la realización emocional puede encontrarse a través de los viajes y la exposición a diferentes culturas. Puede que tenga una fuerte conexión con sus creencias espirituales y encuentre consuelo explorando diferentes formas de entender el mundo.

Mercurio: Cuando Mercurio está en la novena casa, es posible que tenga un gran interés por la filosofía, la religión o el mundo académico. Puede que le gusten los debates intelectuales y explorar nuevas ideas.

Venus: Venus en la novena casa indica que puede sentirse atraído por personas de diferentes orígenes y culturas, lo que afecta a su sentido de la belleza y la apreciación de la estética.

Marte: Marte en la novena casa sugiere un impulso por explorar nuevos territorios, física o mentalmente. Le gusta desafiarse a sí mismo superando su zona de confort.

Júpiter: Júpiter en la novena casa es una colocación natural, ya que rige esta casa. Es un lugar excelente para la expansión, el aprendizaje y el crecimiento personal. Usted es afortunado en sus viajes y tiene un optimismo natural que le ayuda a superar los obstáculos.

Saturno: Saturno en la novena casa puede indicar un profundo respeto por la tradición y la autoridad. Usted lucha con deseos contradictorios de explorar el mundo y apegarse a patrones familiares y establecidos.

Urano: Urano en la novena casa sugiere un enfoque poco convencional de la filosofía o los viajes. Se siente atraído por grupos marginales o sistemas de creencias alternativos.

Neptuno: Neptuno en la novena casa puede traer consigo una mayor intuición y un profundo sentido de la espiritualidad. Es probable que se incline de forma natural hacia el misticismo o que se sienta atraído por las prácticas espirituales.

Plutón: Plutón en la novena casa sugiere una experiencia transformadora a través de los viajes o la investigación filosófica. Le interesa el funcionamiento de las estructuras de poder y cómo afectan a la sociedad.

Quirón: Cuando Quirón está en la novena casa, es posible que haya experimentado heridas tempranas relacionadas con sus creencias o su sentido de la aventura. Es posible que desee profundamente explorar temas espirituales o filosóficos y que encuentre sanación en la exploración de nuevas ideas y sistemas de creencias.

Ceres: Con Ceres en la novena casa, es posible que se nutra a través de los viajes y el contacto con nuevas culturas. Usted está fuertemente conectado con sus creencias espirituales o filosóficas y encuentra consuelo en la exploración de nuevas formas de entender el mundo.

La luna negra Lilith: La luna negra Lilith en la novena casa sugiere una profunda desconfianza hacia los sistemas de creencias tradicionales y un deseo de buscar formas alternativas de entender el mundo. Le atraen las enseñanzas esotéricas y rechaza los dogmas establecidos.

La décima casa

Sol: Con el Sol en la décima casa, es posible que tenga un fuerte impulso para triunfar en su carrera o en la vida pública. Necesita ser reconocido por sus logros, desea liderazgo y autoridad.

Luna: La Luna en la décima casa sugiere una profunda conexión emocional con su profesión o imagen pública. Su familia o crianza le influyen en sus elecciones profesionales.

Mercurio: Cuando Mercurio está en la décima casa, es posible que tenga fuertes habilidades de comunicación y una mentalidad estratégica con respecto a su carrera. Puede presentarse bien en público y tiene talento para establecer contactos.

Venus: Con Venus en la décima casa, puede que tenga un encanto natural y gracia en su vida pública. Considera carreras relacionadas con la estética o la belleza. También puede tener talento para la diplomacia y la negociación.

Marte: Marte en la décima casa sugiere un fuerte impulso y ambición con respecto a su carrera o imagen pública. Es posible que sea competitivo y que esté dispuesto a asumir riesgos para alcanzar sus objetivos.

Júpiter: Con Júpiter en la décima casa, puede experimentar éxito y buena fortuna en su carrera o vida pública. Tiene una actitud optimista hacia sus objetivos y es un líder natural.

Saturno: Cuando Saturno está en la décima casa, puede experimentar retrasos o desafíos en su carrera o en su vida pública. Siente un sentido de la responsabilidad y del deber hacia sus objetivos, pero puede tener dudas sobre sí mismo o limitaciones.

Urano: Urano en la décima casa sugiere una necesidad de independencia e innovación en su carrera o imagen pública. Le gustan las carreras poco convencionales o tiene un enfoque único para alcanzar sus objetivos.

Neptuno: Con Neptuno en la décima casa, es posible que desee utilizar su carrera o vida pública como un medio para la expresión espiritual o artística. Busca carreras que impliquen creatividad o humanitarismo.

Plutón: Plutón en la décima casa sugiere una transformación o intensas luchas de poder en su carrera o vida pública. Es posible que tenga un deseo de control y que se sienta atraído por carreras que impliquen poder o influencia.

Quirón: Con Quirón en la décima casa, es posible que haya experimentado heridas tempranas relacionadas con su carrera o imagen pública. Siente un profundo sentimiento de inseguridad o síndrome del impostor con respecto a sus logros.

Ceres: Con Ceres en la décima casa, puede encontrar sustento a través de su carrera o vida pública. Le encanta su trabajo y puede sentir un sentido de propósito o realización a través de sus logros.

La luna negra Lilith: La luna negra Lilith en la décima casa sugiere un rechazo de las trayectorias profesionales tradicionales o de las imágenes públicas. Le gustan las carreras que desafían el status quo o lucha con las expectativas sociales de éxito.

La undécima casa

Sol: Este es un momento de mayor socialización y actividades en grupo. Quiere a sus amigos y colegas y puede estar más motivado para perseguir sus objetivos a largo plazo.

Luna: Con la Luna en la undécima casa, puede experimentar un fuerte sentido de pertenencia y conexión con los demás. Busca grupos o comunidades que compartan sus valores e intereses y experimenta una sensación de realización emocional a través de sus conexiones sociales.

Mercurio: Sus habilidades de comunicación son excelentes en entornos de grupo. Le resulta más fácil expresar sus ideas y opiniones y disfruta intercambiando ideas e información con los demás.

Venus: Experimenta una mayor armonía y disfrute en sus relaciones sociales. Le resulta más fácil conectar con los demás y formar amistades que se apoyan mutuamente.

Marte: Se siente impulsado a perseguir sus objetivos dentro de un contexto grupal. Es competitivo en entornos grupales y está motivado para asumir un papel de liderazgo dentro de sus círculos sociales.

Júpiter: Experimenta mayores oportunidades de crecimiento y expansión a través de sus conexiones sociales. Es optimista sobre su futuro y siente abundancia y generosidad en sus relaciones.

Saturno: Con Saturno en la undécima casa, puede sentirse responsable hacia sus redes sociales y trabajar duro para construir conexiones duraderas. Elige cuidadosamente a sus amigos y adopta un enfoque disciplinado de su vida social.

Urano: Cuando Urano está en la undécima casa, experimenta cambios repentinos o alteraciones en sus redes sociales. Es posible que se sienta atraído por grupos no convencionales o alternativos y que se sienta motivado a desafiar las normas sociales tradicionales.

Neptuno: Puede tener una mayor sensibilidad a la dinámica emocional dentro de sus círculos sociales. Puede que sea más empático y compasivo con los demás y que busque conectar con aquellos que comparten sus intereses espirituales o creativos.

Plutón: Cuando Plutón está en la undécima casa, experimenta intensas luchas de poder o transformaciones dentro de sus redes sociales. Se siente atraído por grupos que tienen un fuerte sentido de propósito o misión y puede sentirse obligado a trabajar por el cambio o la reforma social.

Quirón: Usted lucha con heridas o desafíos relacionados con su sentido de pertenencia dentro de los grupos. Se esfuerza por encontrar su lugar dentro de las redes sociales o puede sentir una sensación de alienación o rechazo por parte de sus compañeros.

Ceres: Cuando Ceres se encuentra en la undécima casa, es posible que experimente una energía nutritiva y de apoyo dentro de sus redes sociales. Es posible que se sienta atraído por grupos que apoyan su crecimiento y desarrollo, y que se sienta motivado a retribuir a sus comunidades.

La luna negra Lilith: Con la luna negra Lilith en la undécima casa, puede experimentar escepticismo hacia las instituciones y redes sociales. Es posible que se sienta atraído por grupos marginales o comunidades alternativas y que se sienta motivado a desafiar las normas sociales dominantes.

La duodécima casa

Sol: Este emplazamiento indica una fuerte necesidad de retirarse de los focos y buscar la soledad. También podría sugerir una necesidad de introspección y reflexión sobre la propia identidad y propósito.

Luna: Las personas con esta posición experimentan intensos altibajos emocionales, sueños vívidos y una fuerte conexión con el subconsciente. También tienen una naturaleza compasiva y empática.

Mercurio: Las personas con esta colocación pueden sentirse atraídas por temas introspectivos o espirituales y pueden destacar en campos creativos o artísticos. También pueden tener problemas de comunicación, sobre todo a la hora de expresar sus pensamientos y emociones más íntimos.

Venus: Esta posición sugiere un profundo anhelo de conexión emocional e intimidad y una necesidad de expresión creativa. Los individuos con este emplazamiento también pueden tener problemas con los límites y el autosacrificio.

Marte: Las personas con este emplazamiento tienen experiencias espirituales intensas y transformadoras o se sienten atraídas por las causas humanitarias. También tienen problemas de asertividad y pueden sentirse agotados por los conflictos interpersonales.

Júpiter: Hay un fuerte sentido de la espiritualidad o interés por la religión y un profundo deseo de crecimiento personal e iluminación. Los individuos con este emplazamiento también pueden tender a entregarse al escapismo o a comportamientos autodestructivos.

Saturno: Las personas con esta colocación tienen una sensación de restricción o confinamiento en sus búsquedas espirituales o creativas. Luchan contra la duda y se benefician de una mayor autodisciplina.

Urano: Esta posición sugiere un deseo de libertad y autonomía en las creencias espirituales y la expresión creativa. Las personas con esta posición también pueden tender a resistirse a la autoridad o a la tradición y pueden sentirse alienadas por la sociedad.

Neptuno: Las personas con esta posición pueden tener una gran sensibilidad a las experiencias espirituales o místicas y una fuerte intuición y naturaleza imaginativa. También pueden tener problemas con los límites y dificultades para distinguir la realidad de la fantasía.

Plutón: Esta posición sugiere un viaje espiritual profundo y transformador o interés por temas esotéricos. Los individuos con este signo también pueden tender a ser reservados o manipuladores en sus relaciones personales.

Quirón: Esta posición puede indicar una necesidad de curación espiritual profunda o un deseo de ayudar a los demás en sus luchas espirituales o emocionales. Los individuos con esta colocación también pueden luchar con sentimientos de victimización o una sensación de inadecuación.

Ceres: Las personas con este emplazamiento pueden conectar fuertemente con la tierra o la naturaleza y tener una sensación de realización espiritual a través de la jardinería u otras prácticas basadas en la tierra. También pueden luchar contra sentimientos de rechazo o abandono en sus relaciones personales.

La luna negra Lilith: Esta posición sugiere un deseo de descubrir verdades ocultas y puede indicar una fascinación por los aspectos más oscuros de la espiritualidad o de la naturaleza humana. Los individuos con este emplazamiento también pueden tener problemas de ira o resentimiento hacia las figuras de autoridad o las normas sociales.

Capítulo siete: Los planetas en los signos

Ahora es momento de hablar de los planetas cuando se encuentran en cada signo del Zodíaco.

Sol

Sol en Aries: Esta colocación dinámica y asertiva puede darle un fuerte sentido de sí mismo y un deseo de pasar a la acción y perseguir sus objetivos.

Sol en Tauro: Con el sol en Tauro, es posible que tengas un enfoque práctico de la vida y una fuerte conexión con la naturaleza y el mundo material.

Sol en Géminis: Este emplazamiento puede darle una naturaleza curiosa y adaptable, un amor por la comunicación y el aprendizaje.

Sol en Cáncer: Con el sol en Cáncer, es posible que tenga una profunda sensibilidad emocional y un instinto de cuidado y protección hacia sus seres queridos.

Sol en Leo: Esta colocación audaz y creativa puede darle un fuerte sentido de confianza y un deseo de brillar en el centro de atención.

Sol en Virgo: Con el sol en Virgo, puede tener un enfoque meticuloso y analítico de la vida y un deseo de servir y ayudar a los demás.

Sol en Libra: Esta colocación puede darle una naturaleza diplomática y armoniosa, un amor por la belleza y la estética.

Sol en Escorpio: Con el sol en Escorpio, puede tener una naturaleza poderosa e intensa y un profundo deseo de transformación y crecimiento.

Sol en Sagitario: Esta colocación puede darle una naturaleza aventurera, de espíritu libre, un amor por la exploración y el aprendizaje.

Sol en Capricornio: Con el sol en Capricornio, puede tener un enfoque disciplinado y ambicioso de la vida, un deseo de logro y éxito.

Sol en Acuario: Esta colocación puede darle una naturaleza única, poco convencional, un amor por la innovación y el progreso.

Sol en Piscis: Con el sol en Piscis, puede tener una naturaleza sensible e intuitiva y una profunda conexión con el reino espiritual.

Luna

Luna en Aries: Tiene una naturaleza emocional impulsiva y directa, con necesidad de acción e independencia. Puede tener problemas de paciencia y tiende a actuar antes de pensar las cosas.

Luna en Tauro: Necesita estabilidad y seguridad, encuentra consuelo en las posesiones materiales y los placeres sensuales. Puede resistirse al cambio y valorar la rutina y la tradición.

Luna en Géminis: Tiene una naturaleza emocional curiosa y adaptable, necesita variedad y estimulación mental. Lucha con la profundidad emocional y tiende a intelectualizar sus sentimientos.

Luna en Cáncer: Tiene una naturaleza emocional sensible y cariñosa, con una fuerte necesidad de seguridad emocional, conexión con la familia y el hogar. Lucha con los límites emocionales y puede ser propenso a los cambios de humor.

Luna en Leo: Tiene una naturaleza emocional dramática y expresiva, que necesita atención y reconocimiento. Necesita trabajar la generosidad emocional y tiene tendencia al egocentrismo.

Luna en Virgo: Tiene una naturaleza emocional práctica y analítica, necesitada de orden y eficacia. Cree que necesita perfeccionismo emocional y puede ser propenso a la preocupación y la ansiedad.

Luna en Libra: Tiene una naturaleza emocional armoniosa y diplomática, que necesita equilibrio y colaboración. Está plagado de indecisión emocional y tiende a evitar los conflictos.

Luna en Escorpio: Tiene una naturaleza emocional intensa y transformadora, necesitada de profundidad e intimidad. El control emocional no es su fuerte, y puede ser propenso a los celos y la obsesión.

Luna en Sagitario: Tiene una naturaleza emocional optimista y aventurera, con necesidad de libertad y exploración. Es emocionalmente impulsivo y tiende a evitar la profundidad emocional.

Luna en Capricornio: Tiene una naturaleza emocional disciplinada y responsable, con necesidad de logros y reconocimiento. Puede ser frío y propenso a reprimir sus sentimientos.

Luna en Acuario: Tiene una naturaleza emocional única y poco convencional, necesitada de independencia y libertad de pensamiento. Puede que le cueste distanciarse emocionalmente y tienda a ser distante.

Luna en Piscis: Tiene una naturaleza emocional sensible e intuitiva, con necesidad de conexión con los reinos divino y espiritual. Es propenso al escapismo y a la adicción.

Mercurio

Mercurio en Aries: Se comunica de forma rápida y directa, pero a veces puede resultar impaciente o pendenciero.

Mercurio en Tauro: Usted tiene un enfoque firme y deliberado de la comunicación, pero puede resistirse al cambio o a las nuevas ideas.

Mercurio en Géminis: Es usted curioso y adaptable por naturaleza, con un don para el lenguaje y la comunicación.

Mercurio en Cáncer: Tiene un estilo de comunicación sensible e intuitivo, pero puede que le cueste dejar atrás el pasado o apegarse demasiado a las emociones.

Mercurio en Leo: Tiene un estilo de comunicación dramático y seguro de sí mismo, pero puede tener dificultades para aceptar críticas o comentarios.

Mercurio en Virgo: Es detallista y analítico, con un don para la organización y la resolución de problemas.

Mercurio en Libra: Tiene un estilo de comunicación encantador y diplomático, pero puede tener problemas para tomar decisiones o adoptar una postura.

Mercurio en Escorpio: Tiene un estilo de comunicación profundo e intenso, pero puede tener problemas de confianza o ser demasiado reservado.

Mercurio en Sagitario: Tiene un estilo de comunicación aventurero y expansivo, pero puede tener problemas con la impulsividad o con ser demasiado franco.

Mercurio en Capricornio: Tiene un enfoque práctico y disciplinado de la comunicación, pero puede tener problemas por ser demasiado rígido o cerrado de mente.

Mercurio en Acuario: Tiene un estilo de comunicación innovador y poco convencional, pero puede tener problemas por ser demasiado distante.

Mercurio en Piscis: Tiene un estilo de comunicación soñador e intuitivo, pero puede tener problemas por ser demasiado vago o poco claro.

Venus

Venus en Aries: Es apasionado, impulsivo y directo en sus relaciones, con tendencia a tomar la iniciativa y a asumir riesgos.

Venus en Tauro: Aprecia profundamente la belleza y el placer y puede disfrutar entregándose a experiencias sensuales con un enfoque firme y paciente.

Venus en Géminis: Es encantador, ingenioso y versátil en sus relaciones, con una habilidad natural para adaptarse y comunicarse eficazmente con los demás.

Venus en Cáncer: Es usted cariñoso, empático y profundamente conectado con sus emociones y su vida familiar, con tendencia a buscar seguridad y estabilidad en sus relaciones.

Venus en Leo: Es seguro de sí mismo, dramático y generoso en sus relaciones, con un deseo de atención y admiración por parte de los demás.

Venus en Virgo: Es práctico, detallista y considerado en sus relaciones, con un enfoque hacia el servicio y la ayuda a los demás.

Venus en Libra: Es armonioso, diplomático y romántico en sus relaciones, con una habilidad natural para crear equilibrio y belleza en su entorno.

Venus en Escorpio: Es intenso, apasionado y profundamente leal en sus relaciones, con tendencia a buscar conexiones profundas.

Venus en Sagitario: Es aventurero, optimista y de espíritu libre en sus relaciones, deseoso de exploración y crecimiento personal.

Venus en Capricornio: Es responsable, disciplinado y reservado en sus relaciones, centrándose en construir estabilidad y seguridad a largo plazo.

Venus en Acuario: Es poco convencional, independiente e intelectualmente estimulante en sus relaciones, con tendencia a buscar parejas progresistas y con visión de futuro.

Venus en Piscis: Es sensible, romántico y profundamente intuitivo en sus relaciones, con un deseo de conexión espiritual y profundidad emocional.

Marte

Marte en Aries: Es asertivo y directo en la comunicación y puede disfrutar de una buena discusión o debate.

Marte en Tauro: Es deliberado y práctico en su comunicación, pero puede tener problemas con el cambio o la adaptación a nuevas ideas.

Marte en Géminis: Es usted ingenioso y adaptable. Destacas escribiendo, hablando o enseñando.

Marte en Cáncer: Es sensible y emocional en su comunicación y no se lleva demasiado bien con la confrontación o la crítica.

Marte en Leo: Se comunica de forma dramática y expresiva y disfruta siendo el centro de atención en situaciones sociales.

Marte en Virgo: Tiene un estilo de comunicación preciso y analítico. Le va bien la investigación, el análisis o la resolución de problemas.

Marte en Libra: Es diplomático y encantador, pero no es el más indicado para tomar decisiones o imponerse.

Marte en Escorpio: Es intenso y apasionado. Le encanta ahondar en temas profundos o tabú.

Marte en Sagitario: Es aventurero y expansivo cuando comparte sus pensamientos. Le encanta explorar nuevas ideas o filosofías.

Marte en Capricornio: Tiene un estilo de comunicación disciplinado y práctico. Sin embargo, no es bueno expresando emociones o vulnerabilidad.

Marte en Acuario: Es innovador y poco convencional en su estilo de comunicación.

Marte en Piscis: Tiene un estilo de comunicación soñador e imaginativo, pero puede tener problemas con los límites o la practicidad.

Júpiter

Júpiter en Aries: Tiene un espíritu pionero y disfruta arriesgándose para alcanzar el éxito.

Júpiter en Tauro: Tiene una sólida ética de trabajo y puede experimentar éxito y abundancia material.

Júpiter en Géminis: Le encanta aprender y disfruta explorando una variedad de temas e ideas.

Júpiter en Cáncer: Conecta fuertemente con su familia, su hogar y experimenta la plenitud emocional a través de la crianza de los demás.

Júpiter en Leo: Tiene un carisma natural, puede que le guste ser el centro de atención y utilizar su talento y creatividad para triunfar.

Júpiter en Virgo: Tiene una mente detallista y analítica. Experimenta el éxito a través de la organización y la eficiencia.

Júpiter en Libra: Tiene un fuerte sentido de la justicia y obtendrá grandes resultados en su carrera a través de las asociaciones y la colaboración.

Júpiter en Escorpio: Tiene una poderosa intuición. La transformación y la introspección profunda le llevarán muy lejos.

Júpiter en Sagitario: Notará que se siente libre y aventurero, esto le abre a nuevas experiencias y crecimiento en todos los aspectos de su vida.

Júpiter en Capricornio: Espera mayor éxito y reconocimiento en su carrera y vida pública, puede tener oportunidades de estabilidad y crecimiento a largo plazo.

Júpiter en Acuario: Hay espacio para ampliar sus círculos sociales e intelectuales, lo que le llevará a nuevas percepciones y a un sentido más profundo de comunidad.

Júpiter en Piscis: Descubrirá una mayor conexión con su intuición y espiritualidad, lo que le conducirá a una sensación más profunda de paz interior y plenitud.

Saturno

Saturno en Aries: Debe tener cuidado con la impulsividad, puede que necesite desarrollar paciencia y autocontrol en sus búsquedas.

Saturno en Tauro: Con esta colocación, nada importa más que la estabilidad financiera, así que trate de evitar ser demasiado rígido en sus creencias y valores.

Saturno en Géminis: Es posible que luche contra la indecisión y necesite desarrollar concentración y disciplina en su comunicación y aprendizaje.

Saturno en Cáncer: La seguridad emocional es muy importante para usted, puede que se encuentre constantemente atascado por la duda y el miedo al rechazo en su vida personal.

Saturno en Leo: Tenga cuidado con el orgullo y el ego. Es importante desarrollar la humildad y la voluntad de colaborar con los demás.

Saturno en Virgo: Hay una tendencia a buscar la perfección cuando no le sirve, y puede que le cueste ser demasiado crítico consigo mismo y con los demás.

Saturno en Libra: El equilibrio y la armonía pueden ser esquivos en sus relaciones, y puede que necesite desarrollar un sentido más fuerte de sus mismo y de sus límites.

Saturno en Escorpio: Puede que no le resulte fácil renunciar al poder, ya que tiene problemas para soltar lastre en su vida personal y profesional. Trabaje para desarrollar la confianza y la vulnerabilidad en sus relaciones.

Saturno en Sagitario: Le aterroriza lo desconocido. Debería trabajar en desarrollar un sentido más fuerte de propósito y dirección en su vida.

Saturno en Capricornio: Este es un emplazamiento natural para Saturno, y puede que tenga un fuerte sentido de la responsabilidad y la disciplina en su vida personal y profesional.

Saturno en Acuario: Debe evitar ser demasiado rígido en sus creencias. Decida abrirse a ideas nuevas y poco convencionales.

Saturno en Piscis: Los límites importan. Necesita conocerse mejor y tener claros sus valores y creencias.

Urano

Urano en Aries: Puede sentir un fuerte deseo de independencia y la necesidad de afirmar su identidad única.

Urano en Tauro: Experimenta cambios repentinos o interrupciones en su mundo material, lo que le obliga a adaptarse y ser flexible.

Urano en Géminis: Es posible que sienta una gran estimulación mental e ideas innovadoras, que le lleven a avances y descubrimientos repentinos.

Urano en Cáncer: Busque cambios inesperados en su mundo emocional, que le lleven a una necesidad de mayor libertad y expresión personal.

Urano en Leo: No desea nada más que liberarse de las limitaciones y afirmar su individualidad, lo que posiblemente le lleve a búsquedas creativas poco convencionales.

Urano en Virgo: No se sorprenda por cambios repentinos en sus rutinas diarias o en

su entorno laboral, lo que le exigirá ser adaptable y flexible.

Urano en Libra: Tiene un enfoque innovador de las relaciones y asociaciones.

Urano en Escorpio: Espere cambios en su vida que le lleven a una comprensión más profunda de su verdadero ser y propósito.

Urano en Sagitario: Es hora de explorar nuevos horizontes y liberarse de creencias o filosofías limitantes.

Urano en Capricornio: Las cosas podrían cambiar a lo grande en su carrera o imagen pública, lo que lleva a una necesidad de mayor autenticidad y expresión personal.

Urano en Acuario: Es conocido por su excentricidad y singularidad.

Urano en Piscis: Tendrá avances repentinos en sus habilidades intuitivas o en su práctica espiritual, lo que le llevará a una mayor liberación y libertad personal.

Neptuno

Neptuno en Aries: Le atraen las prácticas espirituales que hacen hincapié en el autodescubrimiento y el autoconocimiento.

Neptuno en Tauro: Tiene una fuerte conexión con la naturaleza y aprecia la belleza y la abundancia del mundo físico.

Neptuno en Géminis: Posee una curiosidad natural y se interesa por una gran variedad de temas, pero puede tener problemas de concentración.

Neptuno en Cáncer: Su intuición es fuerte y tiene una habilidad natural para cuidar de los demás. Puede tener problemas con los límites emocionales y el cuidado de usted mismo.

Neptuno en Leo: Desea fuertemente la autoexpresión creativa y se siente atraído por las artes escénicas u otras formas de expresión creativa.

Neptuno en Virgo: Su mente es crítica y analítica, pero debe luchar contra el perfeccionismo y la autocrítica.

Neptuno en Libra: Posee un fuerte sentido de la justicia y disfruta con el activismo u otras formas de trabajo por la justicia social.

Neptuno en Escorpio: Puede tener una habilidad natural para profundizar en los misterios de la vida y la muerte.

Neptuno en Sagitario: Le encanta la aventura y desea la exploración espiritual o filosófica. Sin embargo, tiene que lidiar con sentirse atrapado o limitado.

Neptuno en Capricornio: Prefiere los enfoques prácticos y disciplinados de la espiritualidad u otras formas de crecimiento personal. Tiene que trabajar en su rigidez o miedo al cambio.

Neptuno en Acuario: Es un visionario. Elige el enfoque no convencional de la espiritualidad o el crecimiento personal y está muy involucrado en el trabajo por la justicia social u otras formas de activismo.

Neptuno en Piscis: Este es el emplazamiento natural de Neptuno, puede indicar una naturaleza profundamente espiritual o mística, una sensibilidad natural y empatía hacia los demás.

Plutón

Plutón en Aries: Desea poder y control en su vida.

Plutón en Tauro: Tiene potencial para la transformación y el crecimiento en áreas relacionadas con las posesiones materiales y la seguridad.

Plutón en Géminis: Encuentra profunda transformación y crecimiento en su comunicación y búsquedas intelectuales.

Plutón en Cáncer: Es emocionalmente intenso y desea seguridad emocional.

Plutón en Leo: Desea poder y control en la expresión creativa.

Plutón en Virgo: En las áreas relacionadas con el trabajo, la salud y el servicio, le va fenomenalmente bien.

Plutón en Libra: Desea fuertemente el poder y el control en las relaciones, lo que puede conducir a cambios positivos y al crecimiento en esta área.

Plutón en Escorpio: Posee una profunda intensidad, deseo de poder y transformación en todas las áreas de la vida.

Plutón en Sagitario: Le preocupan mucho los pensamientos de la colectividad, especialmente en lo que se refiere a los sistemas de creencias que sirven de base a la sociedad.

Plutón en Capricornio: Cuando se trata de su carrera, quiere tener el control. Cree que es importante que se haga un lugar en la sociedad.

Plutón en Acuario: Espera un profundo crecimiento en las áreas de justicia social, innovación y pensamiento no convencional.

Plutón en Piscis: Tiene una profunda sensibilidad y deseo de transformación y crecimiento espiritual, que puede manifestarse de diversas maneras en su vida.

Quirón

Quirón en Aries: Puede que le cueste expresar su individualidad o identidad.

Quirón en Tauro: Puede tener dificultades para sentirse seguro y arraigado.

Quirón en Géminis: La comunicación o el sentirse comprendido puede ser un problema para usted.

Quirón en Cáncer: Puede tener heridas profundas relacionadas con su familia y su hogar.

Quirón en Leo: Expresar su creatividad o singularidad será un reto.

Quirón en Virgo: Puede tener dificultades con el perfeccionismo o sentirse inadecuado.

Quirón en Libra: Sus obstáculos incluyen encontrar equilibrio y armonía en sus relaciones.

Quirón en Escorpio: Puede tener heridas profundas relacionadas con el poder y el control.

Quirón en Sagitario: Su obstáculo tiene que ver con encontrar significado y propósito en su vida.

Quirón en Capricornio: Puede tener heridas profundas relacionadas con la autoridad y la estructura.

Quirón en Acuario: Puede sentirse como un extraño o luchar por sentirse conectado con la sociedad.

Quirón en Piscis: El principal problema al que se enfrentará tiene que ver con los límites o con sentirse abrumado por sus emociones.

Ceres

Ceres en Aries: Ceres en Aries puede indicar un estilo de crianza que enfatiza la independencia, la asertividad y la toma de medidas para satisfacer las necesidades personales.

Ceres en Tauro: Proveerse a uno mismo y a los seres queridos a través de comodidades y placeres materiales puede aportar una sensación de profunda satisfacción emocional.

Ceres en Géminis: Ceres en Géminis sugiere una necesidad de estimulación mental diversa y curiosidad en su enfoque para nutrirse a usted mismo y a los demás.

Ceres en Cáncer: Con Ceres en Cáncer, puede haber una profunda conexión emocional con el hogar y la familia y un deseo de crear un sentido de pertenencia y seguridad en estas áreas de la vida.

Ceres en Leo: Necesita fuertemente la autoexpresión creativa y el deseo de ser reconocido por sus talentos y habilidades únicas.

Ceres en Virgo: Se centra en el autocuidado práctico y en el deseo de crear un entorno sano y organizado.

Ceres en Libra: Nada le importa más que la armonía en las relaciones y asociaciones y el deseo de ayudar a los demás a crecer mediante la cooperación y la diplomacia.

Ceres en Escorpio: Ceres en Escorpio muestra que tiene un profundo deseo de experiencias intensas que le permitan la catarsis emocional y el crecimiento.

Ceres en Sagitario: Puede haber una tendencia a buscar la realización emocional a través de la exploración de nuevas perspectivas e ideas y la expansión de los propios horizontes.

Ceres en Capricornio: Se centra en establecer formas prácticas y estructuradas de proporcionar y recibir cuidados, apoyo y alimento.

Ceres en Acuario: Nada desea más que fomentar un sentido de comunidad y pertenencia a través de medios no convencionales o innovadores.

Ceres en Piscis: Representa una profunda conexión emocional con los ciclos de la naturaleza y un enfoque espiritual de la alimentación y el sustento.

Luna negra Lilith

Luna negra Lilith en Aries: Tiende a ser impulsivo o agresivo, especialmente en las relaciones.

Luna negra Lilith en Tauro: Puede luchar con la posesividad o temer perder lo que más valora.

Luna negra Lilith en Géminis: Tiene dificultades para comunicarse y expresar sus necesidades en las relaciones.

Luna negra Lilith en Cáncer: Tiene profundas heridas emocionales relacionadas con la vida familiar u hogareña, lo que le lleva a tener miedo a la vulnerabilidad en las relaciones.

Luna negra Lilith en Leo: Constantemente lucha con problemas de poder y control en las relaciones o teme ser visto como débil.

Luna negra Lilith en Virgo: Es bastante perfeccionista, lo que crea desafíos en las relaciones y le lleva a sentirse inadecuado.

Luna negra Lilith en Libra: Tiene que lidiar con la codependencia o la dificultad para establecer límites en las relaciones.

Luna negra Lilith en Escorpio: Le preocupa ser controlado o manipulado en las relaciones, lo que le lleva a reacciones emocionales intensas.

Luna negra Lilith en Sagitario: No es muy valiente con respecto al compromiso o lucha por encontrarle sentido a las relaciones.

Luna negra Lilith en Capricornio: El miedo al fracaso le atormenta. Tiene una tendencia hacia la adicción al trabajo que crea desafíos en las relaciones.

Luna negra Lilith en Acuario: Su mayor preocupación implica perder su independencia o individualidad en las relaciones o luchar para conectarse emocionalmente.

Luna negra Lilith en Piscis: Puede tender hacia el escapismo o el victimismo en las relaciones, o luchar para hacer valer sus propias necesidades y deseos.

Capítulo ocho: Los principales aspectos del retorno solar I

¿Sabía que su carta solar puede decirle todo lo que necesita saber sobre su futuro? Puede saber lo que le deparan los astros observando cómo interactúan los planetas entre sí durante el retorno o revolución solar. Por lo tanto, es importante entrar en el meollo de los diferentes aspectos del retorno solar. En este capítulo, aprenderá sobre los más importantes. Estos son:

- La conjunción
- El sextil
- La cuadratura
- El trígono
- La oposición

La conjunción

En astrología, una conjunción es un aspecto entre dos o más planetas situados muy cerca el uno del otro en el mismo signo o grado zodiacal. Este aspecto se considera uno de los más importantes de la astrología porque representa la fusión de energías entre los planetas implicados.

Sol-Sol: La conjunción Sol-Sol refuerza la energía solar y puede indicar una fuerte identidad propia, fuerza de voluntad y potencial de liderazgo.

Sol-Luna: Sol-Luna combina aspectos conscientes e inconscientes y puede indicar profundidad emocional, sensibilidad e intuición.

Sol-Mercurio: Sol-Mercurio conecta la mente racional y el yo, indicando buenas habilidades de comunicación, agilidad mental y creatividad.

Sol-Venus: Sol-Venus combina los valores personales y la estética, indicando una naturaleza encantadora, sociable y artística.

Sol-Marte: Sol-Marte representa una fuerte voluntad y vitalidad física, indicando pasión, competición y estar orientado a la acción.

Sol-Júpiter: Sol-Júpiter amplía el yo, indicando optimismo, generosidad, deseo de crecimiento y expansión.

Sol-Saturno: Sol-Saturno representa el deber, la responsabilidad y la disciplina, indicando un carácter serio, maduro y prudente.

Sol-Urano: Sol-Urano representa la individualidad y la rebeldía, indicando una naturaleza única, poco convencional y amante de la libertad.

Sol-Neptuno: Esta conjunción representa una mezcla de los aspectos espirituales y creativos del ser y puede indicar sensibilidad, intuición y talento artístico.

Sol-Plutón: Sol-Plutón representa una energía intensa y transformadora, que indica una voluntad poderosa, una profunda perspicacia y un potencial de transformación personal.

Luna-Luna: Refuerzo de la energía lunar en la carta de una persona. Puede indicar intensidad emocional, sensibilidad y una fuerte conexión con lo femenino.

Luna-Mercurio: La mezcla de energías emocionales y racionales; muestra buenas habilidades de comunicación, una fuerte intuición y una profunda comprensión de la psicología humana.

Luna-Venus: Una fuerte conexión entre las emociones y el sentido estético. Revela amor por la belleza, la armonía y las artes.

Luna-Marte: Esta conjunción representa una fuerte conexión entre las emociones y la voluntad, puede indicar una naturaleza apasionada, impulsiva y orientada a la acción.

Luna-Júpiter: Hay una mezcla de profundidad emocional y energía expansiva y optimista. Esta conjunción muestra una naturaleza generosa, abierta y filosófica.

Luna-Saturno: Demuestra sensibilidad emocional y sentido del deber o la responsabilidad, revelando una naturaleza seria, reservada y cautelosa.

Luna-Urano: Sus emociones son profundas. Desea la libertad, el cambio y la innovación, es único, poco convencional y a veces impredecible.

Luna-Neptuno: Pose una profunda conexión con el reino espiritual, talento artístico, habilidad psíquica y una fuerte intuición.

Luna-Plutón: No solo siente las cosas intensamente, sino que también es portador de energía transformadora y tiene una profunda visión de la psicología humana, la transformación personal y el potencial de renacimiento emocional.

Mercurio-Venus: Tiene un profundo amor por la belleza, la armonía y las artes, así como buenas habilidades de comunicación en las relaciones.

Mercurio-Marte: Es racional y asertivo. Tiene usted una mente rápida, una voluntad fuerte y buenas dotes de comunicación en situaciones conflictivas.

Mercurio-Júpiter: Es expansivo en su pensamiento, y esto demuestra que tiene una naturaleza filosófica, buenas habilidades de comunicación, talento para enseñar y compartir conocimientos.

Mercurio-Saturno: No solo es racional, sino también disciplinado. Sus dotes organizativas, su sentido práctico y su enfoque serio de la comunicación son impresionantes.

Mercurio-Urano: Su mente es constantemente innovadora y tiene un don para el pensamiento rápido y original, así como un interés por la ciencia y la tecnología.

Mercurio-Neptuno: Esta conjunción representa una mezcla de energías racionales y espirituales, puede indicar talento para el arte, la música y la escritura, así como buena intuición y capacidad psíquica.

Mercurio-Plutón: Esta conjunción es una combinación de energías racionales y transformadoras, puede indicar un talento para la investigación y la búsqueda, un profundo conocimiento de la psicología humana, un potencial para la transformación personal a través de la comunicación y la escritura.

Venus-Marte: Es apasionado y creativo, además de tener talento para el baile, la actuación y otras formas de arte escénico.

Venus-Júpiter: Le encantan los viajes, la aventura y el aprendizaje. Se le conoce por ser generoso y optimista.

Venus-Saturno: Tiene un enfoque práctico y realista de la belleza y las relaciones y sentido de la responsabilidad y el deber en los asuntos del corazón.

Venus-Urano: Le gusta la libertad, la independencia y la originalidad. Tiene talento para las formas de arte modernas y poco convencionales.

Venus-Neptuno: Esta conjunción indica talento para la música, la danza y otras formas de expresión artística, así como sensibilidad y compasión en los asuntos del corazón.

Venus-Plutón: La psicología y el asesoramiento son su fuerte. No solo eso, tiene el potencial para una profunda transformación y renovación en asuntos de amor y relaciones.

Marte-Júpiter: Es audaz y aventurero. Se le da bien el riesgo y el liderazgo.

Marte-Saturno: Tiene un fuerte sentido de la responsabilidad, del trabajo duro y potencial para la frustración y la ira.

Marte-Urano: Se le da muy bien el pensamiento original y la resolución creativa de problemas, le encantan la tecnología y la ciencia.

Marte-Neptuno: Tiene potencial para la habilidad psíquica, un amor por el misticismo, la espiritualidad, y un potencial para la adicción o el escapismo.

Marte-Plutón: Hay un fuerte potencial para la transformación profunda, un talento para la investigación, la búsqueda, un potencial para la ira y las luchas de poder.

Júpiter-Saturno: Esto representa un fuerte sentido de la responsabilidad, trabajo duro y potencial para el conservadurismo o la cautela.

Júpiter-Urano: Lo más probable es que le guste la tecnología, la ciencia y el cambio social, así como la rebeldía o la inquietud.

Júpiter-Neptuno: Su vida está profundamente arraigada en el misticismo, la espiritualidad y la caridad, así como un potencial para el escapismo o el engaño.

Júpiter-Plutón: Nada es más importante para usted que la transformación profunda, la búsqueda y la investigación. También existe el potencial para las luchas de poder o la obsesión.

Saturno-Urano: Se le da muy bien pensar fuera de la caja y no tiene problemas en estar solo en algún tema en particular si nadie más le apoya.

Saturno-Neptuno: Tiene una gran conexión con todas las cosas espirituales, así como un potencial para la confusión, el engaño o la adicción.

Saturno-Plutón: Tenga mucho cuidado porque su deseo de poder podría volverse bastante obsesivo. Canalizado correctamente, esto puede ser una herramienta para la transformación profunda a mejor.

Urano-Neptuno: No es ajeno a las experiencias místicas y las percepciones espirituales. También existe la posibilidad de confusión o desilusión.

Urano-Plutón: Con esta conjunción, puede esperar que se produzca una revolución completa y total de las cosas que no son deseables en su vida.

Neptuno-Plutón: Tiene habilidades psíquicas extremadamente poderosas que puede utilizar en su beneficio si decide desarrollarlas.

El sextil

En astrología, un sextil es un aspecto entre dos planetas que se encuentran a 60 grados de distancia el uno del otro. Este aspecto se considera armonioso y beneficioso, ya que permite que los planetas implicados trabajen juntos de forma positiva y se apoyen.

Sol-Sol: El sextil entre el Sol y el Sol representa un intercambio armonioso de energía entre dos individuos con identidades similares, promoviendo el apoyo mutuo y la cooperación hacia objetivos comunes.

Sol-Luna: El sextil Sol-Luna fomenta un intercambio de energía fluido entre las partes consciente e inconsciente del ser, promoviendo la estabilidad emocional y la capacidad de integrar los sentimientos en la toma de decisiones racionales.

Sol-Mercurio: El sextil Sol-Mercurio refleja un flujo armonioso de energía entre las mentes consciente y racional, promoviendo una comunicación eficaz, un intelecto agudo y una capacidad de toma de decisiones sólida.

Sol-Venus: El sextil Sol-Venus encarna la conexión entre el yo consciente y los valores estéticos, promoviendo un encanto natural, el aprecio por la belleza y las relaciones armoniosas.

Sol-Marte: El sextil Sol-Marte representa el hilo que une la conciencia con el impulso para la acción, promoviendo la motivación, la energía y una voluntad fuerte.

Sol-Júpiter: Este sextil indica optimismo, confianza y sensación de abundancia.

Sol-Saturno: Este sextil muestra sentido práctico, responsabilidad y un fuerte sentido de propósito.

Sol-Urano: Se siente a gusto con la originalidad, la independencia y el deseo de cambio.

Sol-Neptuno: Tiene una gran sensibilidad, creatividad y deseo de crecimiento espiritual.

Sol-Plutón: Puede afrontar retos, poder personal y deseo de cambios profundos.

Luna-Luna: Este sextil tiene que ver con la comprensión mutua, el apoyo emocional y un profundo vínculo afectivo.

Luna-Mercurio: Este sextil tiene que ver con la inteligencia emocional, la comunicación efectiva de los sentimientos y la capacidad de expresarse a través de la escritura o la palabra.

Luna-Venus: Ama profundamente la belleza, la conexión emocional en las relaciones y el deseo de entornos armoniosos.

Luna-Marte: Este sextil tiene que ver con su motivación, asertividad y fuerte voluntad.

Luna-Júpiter: Este sextil revela optimismo, generosidad y sentido de la abundancia.

Luna-Saturno: Posee madurez emocional, responsabilidad y un fuerte sentido de los límites.

Luna-Urano: Su inteligencia emocional es fuera de serie. Su forma de expresarse es muy auténtica y no hay nada que desee más que el cambio.

Luna-Neptuno: Es una persona muy sensible a la que no le cuesta empatizar con los demás. Una de las cosas que más le importan es el crecimiento espiritual.

Luna-Plutón: Sus emociones son muy profundas y es muy consciente del poder que lleva para afectar cualquier cambio que desee en la vida. Puede transmutarlo en algo mejor siempre que note un patrón emocional que no le sirve.

Mercurio-Venus: Con este sextil, es obvio que lo que más le importa es la capacidad de comunicarse clara y eficazmente con su pareja en una relación.

Mercurio-Marte: Es muy asertivo siempre que se comunica con los demás y tienes el impulso de hacer que las cosas sucedan, llevándolas de las ideas a la ejecución.

Mercurio-Júpiter: Tiene una alegría natural por aprender cosas nuevas. No hay nada que le entusiasme más que adquirir más conocimientos sobre una variedad de temas.

Mercurio-Saturno: Posee un pensamiento claro y estructurado, una comunicación práctica y un fuerte sentido de la responsabilidad.

Mercurio-Urano: No tiene problemas para comunicar eficazmente ideas nuevas y creativas, también tiene deseos de cambio y progreso.

Mercurio-Neptuno: Es la persona con la que la gente puede contar para tomar conceptos abstractos y aterrizarlos en la realidad. Esto le convierte en un eficaz maestro espiritual si decide seguir ese camino.

Mercurio-Plutón: Las cosas que más le importan son el crecimiento y la evolución personal.

Venus-Marte: Este sextil representa el amor por la actividad física, la comunicación eficaz de los deseos y pasiones, el deseo de equilibrio, armonía entre el amor y la asertividad.

Venus-Júpiter: Le encanta aprender y viajar. Usted tiene un deseo de crecimiento y progreso en las relaciones, una capacidad para encontrar alegría y placer en el mundo que le rodea.

Venus-Saturno: Le gusta la estructura y la estabilidad, la comunicación eficaz en las relaciones y el deseo de compromiso y responsabilidad en el amor.

Venus-Urano: Usted es la persona que tiende a tener ideas poco convencionales en las relaciones y un deseo de libertad e independencia en el amor.

Venus-Neptuno: Nada le excita más que una profunda conexión espiritual y emocional con otras personas. También disfruta de todo lo bello que le rodea.

Venus-Plutón: Cree en el amor como vehículo de crecimiento y evolución personal. Su amor no es ordinario porque es muy intenso y verdadero.

Marte-Júpiter: Nada le parece más excitante que la posibilidad de lanzarse a la aventura. Le encanta correr riesgos porque se da cuenta de que es precisamente, así como puede crecer en la vida. Conquistar retos personales y laborales le emociona porque se siente satisfecho con cada logro.

Marte-Saturno: Le gusta la estructura y la rutina, la comunicación eficaz en los negocios y en la vida personal, el deseo de éxito, reconocimiento a través del trabajo duro y la perseverancia.

Marte-Urano: Lo que más busca son los cambios, el entusiasmo, la comunicación eficaz de ideas nuevas, poco convencionales en los negocios, en la vida personal, y el deseo de libertad e independencia en la acción.

Marte-Neptuno: Cree en hacer práctico lo espiritual pasando a la acción. Le encanta aplicar las leyes espirituales en los aspectos prácticos de la vida, como los negocios, las relaciones, la salud, etc. También está muy en contacto con su lado creativo.

Marte-Plutón: Está constantemente a la búsqueda de cualquier experiencia que transforme su vida en algo más grande de lo que ya es.

Júpiter-Saturno: Cree que el crecimiento y el progreso solo pueden venir a través del trabajo duro y de mantener constantemente ese ímpetu. La mayoría de las veces, esta mentalidad da sus frutos.

Júpiter-Urano: Puede comunicar eficazmente ideas nuevas y poco convencionales en su vida personal y de negocios, a menudo estas ideas conducen al crecimiento y la evolución.

Júpiter-Neptuno: Este sextil representa el crecimiento y la espiritualidad, puede indicar amor por la creatividad y las actividades artísticas, comunicación eficaz de conceptos espirituales y abstractos en los negocios, en la vida personal, deseo de crecimiento y progreso a través del crecimiento y la evolución personal.

Júpiter-Plutón: Anhela intensidad y poder, comunicación eficaz de emociones complejas en los negocios y en la vida personal.

Saturno-Urano: Para usted, su vida es básicamente un gran experimento científico. Le encanta echar un vistazo a ideas poco convencionales y ver si realmente tendrán éxito en la vida real. Es una persona que no tiene problemas para adaptarse a la situación, sea como sea.

Saturno-Neptuno: Tiene un profundo amor por la aplicación de conceptos metafísicos en los negocios y la vida personal y un deseo de progreso y éxito a través del crecimiento y la evolución personal.

Saturno-Plutón: Posee un enfoque disciplinado del poder, la intensidad y la comunicación eficaz de emociones complejas en los negocios y la vida personal.

Urano-Neptuno: Tiene talento para la visualización creativa y la manifestación, deseo de experiencias místicas y crecimiento espiritual, voluntad para liberarse de creencias y percepciones limitantes.

Urano-Plutón: Desea la evolución personal y colectiva, está dispuesto a liberarse de sistemas y estructuras opresivas, tiene talento para liderar e inspirar a otros hacia un cambio radical.

Plutón-Neptuno: Tiene un talento asombroso para la manifestación transformadora, visionaria y la voluntad de liberarse de creencias y percepciones limitantes.

El cuadrado

En astrología, un cuadrado es un aspecto que se produce cuando dos planetas están separados por 90 grados o tres signos en el zodíaco. Este aspecto se considera un aspecto difícil o duro, ya que crea tensión y conflicto entre las energías de los dos planetas implicados.

Sol-Sol: El choque de dos voluntades fuertes conduce a luchas de poder y a la necesidad de establecer el dominio.

Sol-Luna: Conflicto entre los deseos conscientes del individuo y sus necesidades emocionales, lo que provoca agitación interior y dificultad para encontrar el equilibrio emocional.

Sol-Mercurio: Desafío en la comunicación y la autoexpresión, que conduce a malentendidos, discusiones y dificultad para transmitir lo que se quiere decir.

Sol-Venus: Lucha por equilibrar el deseo de amor y armonía con la necesidad de independencia y autoexpresión, lo que provoca problemas en las relaciones y dificultades para encontrar puntos en común.

Sol-Marte: Choque entre el deseo de acción y asertividad del individuo, su necesidad de armonía y cooperación, lo que conduce a un comportamiento impulsivo y a conflictos con los demás.

Sol-Júpiter: Tendencia a extralimitarse o a asumir más de lo que uno puede manejar, lo que conduce a expectativas poco realistas, despilfarro y necesidad de aprender a moderarse.

Sol-Saturno: Desafío para establecerse y alcanzar sus objetivos, lo que provoca dudas sobre sí mismo, miedo al fracaso y tendencia a ser excesivamente crítico o restrictivo.

Sol-Urano: Un conflicto entre la necesidad de libertad del individuo y su deseo de estabilidad, seguridad, que conduce a la impulsividad, la rebelión y la imprevisibilidad.

Sol-Neptuno: Lucha por mantener la claridad y la concentración, lo que lleva a la confusión, el engaño y una tendencia a ser demasiado idealista o escapista.

Sol-Plutón: Choque de voluntades entre el individuo y los demás o con el propio subconsciente, que conduce a luchas de poder, manipulación y necesidad de control.

Luna-Luna: Choques emocionales y cambios de humor entre dos individuos o dentro de uno mismo, que conducen a la hipersensibilidad, la necesidad y la falta de estabilidad emocional.

Luna-Mercurio: Dificultad para expresar las propias emociones y comprender las de los demás, lo que lleva a malentendidos, discusiones y distanciamiento emocional.

Luna-Venus: Lucha por conciliar las propias necesidades emocionales con el deseo de amor y armonía, lo que provoca turbulencias emocionales en las relaciones y una necesidad de equilibrio entre intimidad e independencia.

Luna-Marte: Propensión a actuar impulsivamente con base en impulsos emocionales, lo que lleva a conflictos y agresiones, y necesidad de equilibrar la expresión emocional con el autocontrol.

Luna-Júpiter: La tentación de entregarse en exceso a los placeres emocionales o de idealizar las experiencias afectivas conduce a expectativas poco realistas, al despilfarro y a la necesidad de aprender la moderación emocional.

Luna-Saturno: Tendencia a restringir la propia expresión emocional o a sentirse emocionalmente bloqueado, lo que conduce a sentimientos de aislamiento, soledad y necesidad de desarrollar resiliencia emocional.

Luna-Urano: Necesidad de libertad e independencia emocional, que conduce a un comportamiento emocional impredecible, rebeldía y necesidad de encontrar estabilidad y coherencia emocional.

Luna-Neptuno: Tendencia constante a desdibujar los límites entre la realidad y la fantasía, lo que conduce a la confusión, el escapismo y la necesidad de desarrollar límites emocionales y claridad.

Luna-Plutón: Lucha por afrontar y transformar problemas y patrones emocionales profundos, lo que conduce a luchas de poder, manipulación emocional, necesidad de desarrollar la autoconciencia emocional y la curación.

Mercurio-Sol: Una lucha interminable por expresarse con eficacia y confianza, que conduce a malentendidos, choques de ego y la necesidad de equilibrar la autoexpresión con la escucha activa.

Mercurio-Luna: Dificultad para comunicar las propias emociones y comprender las de los demás, lo que lleva a malentendidos, distanciamiento emocional y necesidad de desarrollar la inteligencia emocional.

Mercurio-Venus: Malinterpretación constante de las señales y mensajes sociales en las relaciones, lo que lleva a malentendidos, conflictos y a la necesidad de desarrollar mejores habilidades de comunicación.

Mercurio-Marte: Tendencia a discutir, debatir o actuar impulsivamente basándose en pensamientos e ideas, lo que lleva a conflictos y malentendidos, a la necesidad de equilibrar pensamiento y acción.

Mercurio-Júpiter: La exageración y simplificación excesiva de ideas y creencias, lo que lleva a malentendidos, exceso de confianza y una necesidad de desarrollar habilidades de pensamiento crítico.

Mercurio-Saturno: Una inclinación natural a ser excesivamente crítico o autocrítico, lo que lleva al pesimismo, la duda de sí mismo y la necesidad de desarrollar una autoconversación positiva y una retroalimentación constructiva.

Mercurio-Urano: Ser demasiado rebelde o poco convencional en el pensamiento, lo que lleva a malentendidos, impulsividad y necesidad de desarrollar un pensamiento más estratégico.

Mercurio-Neptuno: Inclinarse demasiado hacia el idealismo o ser poco realista en el pensamiento, lo que lleva a la confusión, la decepción y la necesidad de desarrollar una perspectiva más fundamentada.

Mercurio-Plutón: Intensidad y obsesión extremas en el pensamiento, que llevan a luchas de poder, manipulaciones y a la necesidad de desarrollar más desapego y autoconciencia.

Venus-Marte: Tendencia a ser demasiado asertivo o pasivo-agresivo en las relaciones, lo que lleva a conflictos y malentendidos, una necesidad de desarrollar la asertividad y la comunicación sana.

Venus-Júpiter: Ser demasiado optimista o indulgente en las relaciones, lo que lleva a expectativas poco realistas, exceso de confianza y necesidad de desarrollar expectativas y límites realistas.

Venus-Saturno: Pesimismo excesivo, duda de sí mismo y necesidad de desarrollar una autoconversación positiva y una retroalimentación constructiva.

Venus-Urano: Elección de ser poco convencional en las relaciones, lo que lleva a malentendidos, impulsividad y necesidad de desarrollar más empatía y comprensión.

Venus-Neptuno: Expectativas poco realistas en las relaciones, que conducen a la confusión, la decepción y la necesidad de desarrollar una perspectiva más fundamentada.

Venus-Plutón: Luchas de poder, manipulaciones y necesidad de desarrollar más confianza y vulnerabilidad en las relaciones con los demás.

Marte-Júpiter: Incapacidad para controlar el comportamiento impulsivo o imprudente, que conduce a la sobreextensión, los conflictos y la necesidad de desarrollar más cautela y pensamiento estratégico.

Marte-Saturno: Ser crítico hasta el punto de perder el control de sí mismo, lo que lleva a la frustración, a la duda de sí mismo y a la necesidad de desarrollar más confianza en sí mismo y asertividad.

Marte-Urano: Espíritu rebelde que provoca inquietud, accidentes y necesidad de desarrollar más paciencia y autocontrol.

Marte-Neptuno: Engaño, confusión y necesidad de desarrollar más claridad y autoconciencia por no estar en contacto con la realidad.

Marte-Plutón: Obsesión que conduce a luchas de poder, manipulación y necesidad de desarrollar más confianza y límites saludables.

Júpiter-Saturno: Frustración debida a expectativas rígidas y necesidad de desarrollar un enfoque más equilibrado de los propios objetivos.

Júpiter-Urano: Impulsividad, inquietud, que conducen a la necesidad de desarrollar una perspectiva con más fundamento y respeto por la tradición.

Júpiter-Neptuno: Se necesita más claridad y pensamiento crítico para evitar caer constantemente en el engaño.

Júpiter-Plutón: Aquí, expresar confianza y tener límites sanos es importante para mantenerse al margen de luchas de poder innecesarias.

Saturno-Urano: Debe ser más flexible y adaptable para evitar decepciones y frustraciones.

Saturno-Neptuno: Tendencia a ser demasiado temeroso o delirante, lo que lleva a la confusión, al autoengaño y a la necesidad de desarrollar más claridad y autoconciencia.

Saturno-Plutón: Es posible que se obsesione con el poder. Por esta razón, necesita saber qué líneas no cruzar con los demás.

Urano-Neptuno: A veces puede ser delirante o poco realista. Esto le hace sentir confuso y se pierde intentando escapar del mundo real. Desarrolle más autoconciencia y aterramiento.

Urano-Plutón: No está muy abierto al cambio. Debe aprender a ser más aceptante y encontrar la manera de que los nuevos cambios en su vida funcionen con usted y para usted.

Neptuno-Plutón: Puede ser bastante reservado, hasta el punto de ser perjudicial para usted. Haga lo posible por compartir sus pensamientos con los demás, ya que esto permitirá un mayor crecimiento y expansión en su vida.

Trígonos

En astrología, un trígono es un aspecto que se produce cuando dos planetas están aproximadamente a 120 grados de distancia, creando una energía armoniosa y fluida entre ellos. Se considera uno de los aspectos más positivos y beneficiosos de la astrología. Los trígonos se asocian con la facilidad, la cooperación y la creatividad. Suelen considerarse un talento o don natural que posee una persona, más que algo por lo que haya que trabajar duro.

Sol-Sol: Aspecto armonioso que favorece la confianza en uno mismo, la creatividad y la vitalidad.

Sol-Luna: Aspecto de apoyo que favorece el equilibrio emocional, la comprensión y una profunda armonía interior.

Sol-Mercurio: Aspecto beneficioso que ayuda a la comunicación, la claridad mental y la capacidad de expresarse con eficacia.

Sol-Venus: Aspecto armonizador que fomenta la armonía social, la cooperación y el sentido de la belleza estética.

Sol-Marte: Aspecto dinámico que potencia la energía, la pasión, la asertividad y promueve la acción positiva hacia los objetivos.

Sol-Júpiter: Aspecto afortunado que favorece el optimismo, el crecimiento, la abundancia, potencia la confianza y la generosidad.

Sol-Saturno: Aspecto enraizado que promueve la disciplina, la responsabilidad y un enfoque práctico de la vida y le ayuda a establecer límites y alcanzar metas a largo plazo.

Sol-Urano: Aspecto innovador que favorece el cambio, el progreso y la disposición a asumir riesgos, potencia la originalidad y la creatividad.

Sol-Neptuno: Aspecto intuitivo que favorece la sensibilidad, la imaginación, la creatividad y promueve un enfoque espiritual o místico de la vida.

Sol-Plutón: Este aspecto promueve el poder personal, la intensidad y la regeneración, aumenta la capacidad de afrontar retos y superar obstáculos.

Luna-Luna: Espere seguridad emocional, cuidado, sensibilidad y una sensación de paz interior y satisfacción.

Luna-Mercurio: Aquí se experimenta una magnífica comunicación, agilidad mental y adaptabilidad, y favorece la comprensión de las propias necesidades emocionales y las de los demás.

Luna-Venus: Un aspecto armonioso que propaga la conexión emocional, la intimidad y la creatividad, promueve un sentido de belleza y armonía en las relaciones.

Luna-Marte: Este aspecto fomenta la asertividad emocional, la pasión, la iniciativa y promueve la acción positiva hacia los objetivos.

Luna-Júpiter: Aspecto afortunado que permite el optimismo emocional, el crecimiento, la abundancia, el sentido de la generosidad y la expansividad.

Luna-Saturno: Aspecto de enraizamiento. Fomenta la disciplina emocional, la responsabilidad, un enfoque práctico de la vida y ayuda a establecer límites emocionales y a alcanzar objetivos emocionales a largo plazo.

Luna-Urano: Experimentará libertad emocional, independencia y disposición a asumir riesgos emocionales. Tendrá tendencia a expresar originalidad y creatividad emocional.

Luna-Neptuno: Aquí reinan la sensibilidad, la imaginación y la creatividad. Este es el aspecto que promueve un enfoque espiritual o místico de la vida.

Luna-Plutón: Con este aspecto, puede esperar intensidad emocional, poder personal y regeneración emocional, ayuda a la transformación emocional y a la curación.

Mercurio-Venus: Aspecto armonioso que potenciará sus habilidades sociales, diplomacia y creatividad, además de desarrollar el sentido de la belleza y la armonía en las relaciones.

Mercurio-Marte: Experimentará una mayor agilidad mental, asertividad e iniciativa. Y no solo eso, emprenderá acciones positivas hacia sus objetivos.

Mercurio-Júpiter: Disfrutará de crecimiento mental, optimismo y abundancia. Tendrá un mayor sentido de la generosidad y la expansividad.

Mercurio-Saturno: Su disciplina mental, concentración y enfoque práctico de la vida reciben un impulso. Este aspecto también ayuda a establecer límites mentales y alcanzar objetivos mentales a largo plazo.

Mercurio-Urano: Aspecto innovador que potencia la libertad mental, la originalidad y la disposición a asumir riesgos mentales, fomenta la creatividad y la curiosidad intelectual.

Mercurio-Neptuno: Sus caminos espirituales y creativos florecerán y prosperarán con este aspecto.

Mercurio-Plutón: Aquí tiene profundidad mental, poder personal y regeneración mental. Este aspecto ayuda a la transformación mental y a la curación.

Venus-Marte: Disfrute de la aventura en las relaciones y tomé acciones positivas hacia metas románticas.

Venus-Júpiter: Espere más abundancia, optimismo, una sensación de disfrute y placer en la vida. Es probable que tenga una actitud generosa y expansiva hacia el amor y las relaciones.

Venus-Saturno: Este aspecto aporta estabilidad, aumenta el compromiso, la responsabilidad y un enfoque práctico del amor y las relaciones, ayuda a establecer límites y alcanzar objetivos de relación a largo plazo.

Venus-Urano: No es un aspecto ordinario. Aumenta la independencia, la originalidad y la voluntad de asumir riesgos en el amor y las relaciones, promueve una sensación de entusiasmo y espontaneidad.

Venus-Neptuno: Aumenta la sensibilidad, la empatía y un enfoque espiritual o místico del amor y las relaciones. También tendrá un sentido de idealismo y una profunda conexión con los demás.

Venus-Plutón: Este aspecto aumenta la pasión, el poder personal y la regeneración emocional, ayuda a la transformación y curación de las relaciones.

Marte-Júpiter: Gozará de optimismo, energía y disposición a asumir riesgos, y favorece el éxito en los empeños personales y profesionales.

Marte-Saturno: Su perseverancia, determinación y fuerte sentido de la responsabilidad recibirán un impulso aquí. Este aspecto ayuda a conseguir objetivos a largo plazo a través de un esfuerzo concentrado.

Marte-Urano: Disfrute de un aumento de la individualidad, la innovación y la capacidad de cambio y evolución. Este aspecto permite habilidades proactivas y creativas para resolver problemas.

Marte-Neptuno: Tendrá mayor empatía y compasión, acción positiva hacia metas espirituales y artísticas.

Marte-Plutón: Con este aspecto, tendrá más poder personal, determinación y capacidad para la transformación profunda, ayuda para la curación y la transformación a través del esfuerzo enfocado.

Júpiter-Saturno: Aspecto disciplinado que potencia el sentido de la responsabilidad, el sentido práctico y la capacidad de esfuerzo enfocado, ayuda a conseguir objetivos a largo plazo a través de la persistencia y el trabajo duro.

Júpiter-Urano: Aspecto innovador que potencia el sentido de la aventura, la individualidad, la capacidad de cambio y evolución, y promueve el crecimiento, la expansión positiva y transformadora.

Júpiter-Neptuno: Un aspecto de sintonía espiritual que potencia la intuición, la creatividad y el sentido de la empatía, la compasión, promueve esfuerzos espirituales y artísticos, positivos e inspiradores.

Júpiter-Plutón: Este aspecto hará maravillas con respecto a su poder personal, crecimiento y capacidad de transformación profunda, ayuda a la sanación y transformación a través del trabajo espiritual y psicológico.

Saturno-Urano: Aspecto estabilizador que potencia el sentido de independencia, la innovación, la capacidad de cambio, evolución, y favorece el equilibrio entre estabilidad y cambio.

Saturno-Neptuno: Un aspecto de enraizamiento que aumenta el sentido práctico, la autoconciencia y la capacidad de compasión y empatía, promueve esfuerzos espirituales, creativos, realistas y enraizados.

Saturno-Plutón: Este aspecto le da más profundidad de carácter y le ayudará a sanar su psique para que le sea más fácil manejar los desafíos que la vida le envíe.

Urano-Neptuno: Con este aspecto, experimentará una mayor intuición, compasión, capacidad de evolución espiritual y creativa. Este aspecto también promueve el éxito en campos creativos, artísticos o espirituales.

Urano-Plutón: Este aspecto hace posible que encuentre un éxito extremo en los campos más innovadores.

Neptuno-Plutón: Espere una mayor intuición, perspicacia y capacidad para una profunda transformación espiritual. Este aspecto favorecerá el éxito en campos relacionados con la sanación espiritual o psicológica o en campos transformadores e innovadores.

La oposición

En astrología, la oposición es un aspecto que se produce cuando dos cuerpos celestes están exactamente a 180 grados el uno del otro. Esto significa que se encuentran en lados opuestos del círculo zodiacal. La oposición se considera un aspecto importante de la astrología, ya que representa un punto de tensión y conflicto potencial entre las dos energías implicadas.

Sol-Sol: Esta oposición puede provocar luchas de poder y conflictos con figuras de autoridad, así como una necesidad de equilibrio entre el deseo de autoexpresión y las necesidades de los demás.

Sol-Luna: Tensión entre las emociones y el sentido de identidad propia, necesidad de equilibrar el deseo de independencia con la necesidad de apoyo emocional y cariño.

Sol-Mercurio: Notará bastante conflicto entre sus pensamientos y la forma en que los comunica, su deseo de encontrar algún tipo de equilibrio intelectual con la forma en que expresa sus pensamientos para solo traer armonía a sus círculos sociales.

Sol-Venus: Puede notar que sus valores y deseos no están alineados. Por lo tanto, es importante que se dé cuenta de que a medida que avanza en el proceso de autogratificación, debe hacerlo de una manera que traiga armonía en sus relaciones.

Sol-Marte: Esta oposición puede provocar conflictos entre la voluntad personal y el deseo de acción, así como la necesidad de equilibrar el deseo de autoafirmación con la necesidad de compromiso y cooperación.

Sol-Júpiter: Hay una falta de alineación entre sus creencias y su sentido de la moralidad. Aunque es natural que busque expandirse en muchos sentidos, también debe asegurarse de que está anclado en la realidad.

Sol-Saturno: Quiere tener éxito por todos los medios, pero también comprende que es responsable ante usted mismo y ante los demás. Le ayudaría encontrar la manera de equilibrar su autodisciplina con la libertad y la espontaneidad.

Sol-Urano: El conflicto con esta oposición radica en la diferencia entre su sentido de la individualidad y su deseo de ser libre y rebelarse contra el statu quo. Busca el cambio, pero también desea estabilidad en su vida.

Sol-Neptuno: Su sentido del yo, su identidad y sus aspiraciones espirituales o artísticas están en conflicto. Por muy creativo que sea, necesita encontrar la manera de aterrizar su imaginación salvaje en el mundo práctico y realista.

Sol-Plutón: Esta oposición puede provocar conflictos entre el propio deseo de poder y transformación y la necesidad de equilibrar el deseo de control e intensidad con la necesidad de aceptación y de dejarse llevar.

Luna-Luna: Choque de emociones, posibilidad de sensibilidad exacerbada y cambios de humor, necesidad de compromiso y comprensión en las relaciones.

Luna-Mercurio: Conflicto entre las emociones y el pensamiento lógico, dificultad para expresar las emociones o encontrar las palabras adecuadas para comunicarse.

Luna-Venus: Tensión entre las necesidades emocionales y los deseos en las relaciones, potencial de emociones intensas y pasión, necesidad de equilibrar, dar y recibir amor.

Luna-Marte: Potencial de estallidos emocionales y conflictos, dificultad para controlar los impulsos y la agresividad, necesidad de autocontrol y regulación emocional.

Luna-Júpiter: Puede experimentar excesos emocionales e indulgencia, necesidad de encontrar un equilibrio entre el bienestar emocional y las consideraciones prácticas.

Luna-Saturno: Tensión entre las necesidades emocionales y las responsabilidades, posibilidad de sentimientos de soledad o aislamiento, necesidad de autodisciplina y madurez emocional.

Luna-Urano: Cuidado con la imprevisibilidad emocional y los cambios repentinos, necesidad de flexibilidad y adaptabilidad en las respuestas emocionales.

Luna-Neptuno: Notará mayor sensibilidad emocional, confusión, tendencia a la idealización y al escapismo emocional, necesidad de enraizamiento y claridad en las experiencias emocionales.

Luna-Plutón: Potencial para experiencias emocionales intensas y luchas de poder, necesidad de transformación emocional y sanación.

Mercurio-Venus: Conflictos en las relaciones o situaciones sociales, posibles faltas de comunicación o de comprensión en asuntos de amor o placer.

Mercurio-Marte: Desacuerdos en la toma de decisiones o en la acción, posibilidad de impulsividad o agresividad en la comunicación.

Mercurio-Júpiter: Desafíos para equilibrar los detalles y el panorama general, potencial para sobreestimar las propias capacidades o hacer planes o promesas poco realistas.

Mercurio-Saturno: Retrasos u obstáculos en la comunicación, posibilidad de hablar mal de uno mismo o de dudar de uno mismo, posibles conflictos con figuras de autoridad.

Mercurio-Urano: Posibilidad de comportamiento imprevisible o ideas inusuales.

Mercurio-Neptuno: Posible confusión o malentendidos en la comunicación, posibilidad de engaño o pensamiento poco claro, tendencia a soñar despierto o al escapismo.

Mercurio-Plutón: Tendencia a las luchas de poder o a la manipulación en la comunicación, posibilidad de obsesión o fijación por ciertas ideas o temas.

Venus-Marte: Puede notar una mayor atracción sexual y deseo de emoción en sus relaciones, pero también crea conflictos y luchas de poder. Puede que necesite encontrar la forma de equilibrar su asertividad y pasión con la cooperación y el compromiso.

Venus-Júpiter: Experimenta abundancia, optimismo y generosidad en sus relaciones, pero también exageración y excesos. Puede desear intensamente el amor, el placer y la aventura, pero debe evitar ser demasiado extravagante o poco realista.

Venus-Saturno: Se enfrenta a retos, limitaciones y retrasos en sus relaciones, pero también a oportunidades de crecimiento y compromiso. Puede tener un sentido de la responsabilidad, el deber o la seriedad en su vida amorosa, pero también teme el rechazo, la soledad o la inadecuación.

Venus-Urano: Está acostumbrado a los cambios repentinos, las sorpresas y las experiencias poco convencionales en sus relaciones, pero también a la inestabilidad y la imprevisibilidad. Puede que sienta necesidad de libertad, experimentación y autenticidad en su vida amorosa, pero también miedo al compromiso, al aburrimiento o al rechazo.

Venus-Neptuno: Disfrutará del idealismo romántico, la imaginación y la conexión espiritual en sus relaciones, pero también experimentará confusión, engaño y desilusión. Puede que sienta un fuerte impulso de fusionarse con su pareja o experimentar una conexión de alma gemela, pero debe ser consciente de sus límites y evitar volverse demasiado dependiente o poco realista.

Venus-Plutón: Este aspecto puede traer pasión intensa, transformación y dinámicas de poder en sus relaciones, pero también obsesión, control y manipulación. Puede sentir una profunda conexión emocional o atracción por alguien, pero debe ser consciente de los motivos ocultos o los patrones destructivos.

Marte-Júpiter: El deseo de éxito y logros puede llevar a un exceso de confianza y a asumir riesgos Innecesarios.

Marte-Saturno: Puede haber frustraciones y obstáculos en la consecución de los propios objetivos, lo que lleva a sentimientos de resentimiento o a una sensación de estar frenado.

Marte-Urano: Un cambio repentino de planes o acontecimientos inesperados pueden conducir a acciones impulsivas e imprudentes.

Marte-Neptuno: La confusión y la incertidumbre pueden provocar malentendidos y expectativas poco realistas.

Marte-Plutón: Pueden producirse luchas de poder y manipulaciones que lleven a enfrentamientos intensos o incluso a la violencia.

Júpiter-Saturno: Este aspecto puede indicar un periodo de crecimiento y expansión en la carrera o en las ambiciones personales, pero también puede traer una sensación de restricción o limitaciones que hay que superar.

Júpiter-Urano: Puede encontrar oportunidades repentinas de crecimiento y expansión, pero también pueden conducir a la impulsividad y a la falta de consideración por las consecuencias a largo plazo de las propias acciones.

Júpiter-Neptuno: Este aspecto puede aportar una sensación de crecimiento espiritual o creativo, pero también puede conducir a expectativas poco realistas o a una tendencia a pasar por alto consideraciones prácticas.

Júpiter-Plutón: Este aspecto puede indicar un período de poderosa transformación y crecimiento, pero también puede traer luchas de poder y una tendencia a ser controlador o manipulador en las propias búsquedas.

Saturno-Urano: Este aspecto puede provocar un choque entre los enfoques tradicionales y los innovadores o no convencionales, lo que lleva a la inestabilidad o a la interrupción y a una oportunidad para la resolución creativa de problemas y la reestructuración.

Saturno-Neptuno: Siente una sensación de confusión o desilusión, que le lleva a un período de duda o decepción, pero también a una oportunidad de desarrollar una mayor claridad, discernimiento y madurez espiritual.

Saturno-Plutón: Espere una sensación de intensidad, crisis o transformación, que conduzca a un período de cambios profundos o desafíos, pero también una oportunidad para la fuerza interior, la resistencia y el poder personal.

Oposición Urano-Neptuno: Este aspecto puede crear un deseo de experiencias espirituales y místicas. El individuo puede sentirse atraído por formas no convencionales de espiritualidad y tener habilidades psíquicas o intuiciones. Sin embargo, este aspecto también puede crear confusión y falta de claridad en torno a las creencias y valores personales.

Oposición Urano-Plutón: Este aspecto puede traer experiencias transformadoras repentinas e intensas. El individuo puede sentirse atraído por el poder y querer desafiar a las figuras de autoridad o a las estructuras de poder tradicionales. Este aspecto también puede crear una tendencia al extremismo y un deseo de sobrepasar los límites más allá de lo que la sociedad considera aceptable.

Neptuno-Plutón: Esto puede indicar un profundo viaje de transformación hacia el crecimiento espiritual o psicológico y una tendencia hacia experiencias y crisis emocionales intensas.

Capítulo nueve: Aspectos menores del retorno solar II

En astrología, los aspectos menores son menos utilizados o discutidos que los mayores. Algunos de los aspectos menores del retorno solar son:

Semisextil

Se obtiene un semisextil cuando ambos planetas se encuentran a 30 grados de distancia el uno del otro. Este aspecto puede indicar una ligera tensión o ajuste entre dos planetas o puntos de una carta.

Sol-Luna: Potencial de conflicto interno o desafíos para equilibrar el ego y las emociones.

Sol-Mercurio: Aumento de la comunicación y de las capacidades intelectuales.

Sol-Venus: Potencial de talento artístico o relaciones armoniosas.

Sol-Marte: Impulso y determinación hacia metas personales y ambición.

Sol-Júpiter: Equilibrio entre confianza y exceso de confianza, potencial de suerte y oportunidades.

Sol-Saturno: Necesidad de estructura y disciplina, posibilidad de dudas sobre uno mismo o miedo al fracaso.

Sol-Urano: Necesidad de independencia y libertad, potencial de pensamiento no convencional e ideas únicas.

Sol-Neptuno: Mayor intuición e imaginación, potencial para actividades artísticas o espirituales.

Sol-Plutón: Energía transformadora y poderosa, potencial para el crecimiento y la evolución personal.

Luna-Mercurio: Comprensión y comunicación intuitivas.

Luna-Venus: Conexión emocional y apreciación de la belleza.

Luna-Marte: Impulso interior y energía emocional trabajando juntos.

Luna-Júpiter: Perspectiva emocional positiva y sentimientos expansivos.

Luna-Saturno: Disciplina emocional y responsabilidad.

Luna-Urano: Avances emocionales y sentimientos poco convencionales.

Luna-Neptuno: Sensibilidad emocional y capacidad imaginativa.

Luna-Plutón: Profunda transformación e intensidad emocional.

Mercurio-Venus: El talento artístico y el encanto social también pueden conducir a la superficialidad o la indecisión.

Mercurio-Marte: Las opiniones firmes y la capacidad de persuasión también pueden conducir a discusiones o impaciencia.

Mercurio-Júpiter: Perspectiva amplia y optimismo, pero también puede llevar al exceso de confianza o a la exageración.

Mercurio-Saturno: Un enfoque práctico y disciplinado para resolver problemas, pero también puede conducir al pesimismo o la rigidez.

Mercurio-Urano: Pensamiento innovador y original, que también puede conducir a la impulsividad o al comportamiento errático.

Mercurio-Neptuno: La intuición y la inspiración creativa también pueden llevar a la confusión o a la ilusión.

Mercurio-Plutón: La capacidad de profundizar en temas complejos también puede llevar a la obsesión o a luchas de poder.

Venus-Marte: Los deseos apasionados y la fuerte atracción pueden conducir a desacuerdos o competitividad.

Venus-Júpiter: La generosidad y el amor por el placer también pueden conducir a la sobreindulgencia o la extravagancia.

Venus-Saturno: Un enfoque serio y responsable de las relaciones, pero también puede llevar al distanciamiento emocional o a la soledad.

Venus-Urano: El deseo de libertad e independencia en las relaciones también puede conducir a la imprevisibilidad o a cambios repentinos.

Venus-Neptuno: Los ideales románticos y la inspiración creativa también pueden llevar a la confusión o a la decepción.

Venus-Plutón: Deseos intensos y capacidad para transformarse a uno mismo y a las relaciones, pero también puede llevar a luchas de poder u obsesión.

Marte-Júpiter: La ambición y el impulso de triunfar también pueden conducir al exceso de confianza o a la impulsividad.

Marte-Saturno: La disciplina y la determinación para alcanzar objetivos también pueden llevar a la frustración o a la restricción.

Marte-Urano: Espíritu rebelde e innovador, pero también puede conducir a la imprevisibilidad o a cambios repentinos.

Marte-Neptuno: Un impulso creativo e imaginativo, pero también puede llevar a la confusión o al engaño.

Marte-Plutón: Energía intensa y capacidad para transformarse a uno mismo y las situaciones, pero también puede llevar a luchas de poder o tendencias destructivas.

Júpiter-Saturno: El equilibrio entre expansión y limitación también puede provocar conflictos entre tradición y progreso.

Júpiter-Urano: Disposición a asumir riesgos y a abrazar el cambio, pero también puede conducir a la inquietud o a la rebelión.

Júpiter-Neptuno: Inspiración espiritual y artística, pero también puede llevar al engaño o al escapismo.

Júpiter-Plutón: El deseo de poder y transformación también puede conducir a la obsesión o la manipulación.

Saturno-Urano: El deseo de cambio e innovación también puede llevar al conflicto entre tradición y progreso.

Saturno-Neptuno: La necesidad de practicidad y estructura también puede llevar a la desilusión o a la falta de imaginación.

Saturno-Plutón: La necesidad de control y poder también puede llevar a la obsesión o la paranoia.

Urano-Neptuno: El deseo de trascender lo mundano y una mayor sensibilidad al inconsciente colectivo también pueden llevar a la confusión o al escapismo.

Urano-Plutón: Un intenso deseo de cambio y una necesidad de transformarse a sí mismo y a la sociedad también pueden conducir al extremismo o al radicalismo.

Neptuno-Plutón: La capacidad de transformar y trascender a un nivel espiritual profundo, pero también puede llevar a la confusión o a la pérdida de los límites del ego.

Sesquicuadratura

Este aspecto tiene a ambos planetas separados 135 grados entre sí y puede indicar una sensación de discordia o tensión entre dos planetas o puntos de una carta.

Sol-Luna: Potencial de comportamiento compulsivo.

Sol-Mercurio: Tensión mental, dificultad en la comunicación o en la toma de decisiones.

Sol-Venus: Tensión entre valores personales y relaciones, potencial de autoexpresión creativa.

Sol-Marte: Conflicto interior entre fuerza de voluntad y acción, posibilidad de impulsividad o agresividad.

Sol-Júpiter: Posible exceso de indulgencia o grandiosidad.

Sol-Saturno: Exceso de dudas sobre uno mismo o restricción.

Sol-Urano: Rebeldía, cambio repentino, deseo de un cambio en el statu quo.

Sol-Neptuno: Puede experimentar confusión o engaño.

Sol-Plutón: Aquí hay una oportunidad de transformación o una tendencia a la manipulación.

Luna-Mercurio: Ansiedad mental, dificultad para comprender o expresar emociones.

Luna-Venus: Tensión entre las necesidades emocionales y las relaciones, posibilidad de cambios de humor o manipulación emocional.

Luna-Marte: Falta de alineación entre las emociones y la acción, potencial de impulsividad o agresividad.

Luna-Júpiter: Probabilidad de sobreindulgencia o exceso emocional.

Luna-Saturno: Aquí es posible la represión emocional o el aislamiento.

Luna-Urano: La tensión de lidiar con las propias emociones e individualidad puede llevar a un repentino desapego emocional.

Luna-Neptuno: En la batalla por encontrar un equilibrio entre su vida espiritual y emocional, lo más probable es que experimente confusión o excesiva sensibilidad emocional.

Luna-Plutón: Pero existe la posibilidad de experimentar vivencias emocionales intensas o de ser manipulado.

Mercurio-Venus: Dificultad para expresar pensamientos o ideas en las relaciones, posibilidad de malentendidos o falta de comunicación.

Mercurio-Marte: Tensión mental entre pensamientos y acciones, posibilidad de comportamiento impulsivo o imprudente.

Mercurio-Júpiter: Dificultad para conciliar los detalles con el panorama general, potencial de exceso de confianza o exageración.

Mercurio-Saturno: Tensión mental, dificultad para tomar decisiones y posibilidad de pensamientos negativos o dudas sobre uno mismo.

Mercurio-Urano: Hay una batalla en su mente entre el pensamiento convencional contra el pensamiento no convencional y el potencial para percepciones repentinas o rebeldía.

Mercurio-Neptuno: Confusión y dificultad para distinguir la realidad de la fantasía, potencial para el engaño o el escapismo.

Mercurio-Plutón: Tensión mental y luchas de poder, potencial para la manipulación o la obsesión.

Venus-Marte: Puede experimentar bastantes conflictos y volatilidad emocional en sus relaciones.

Venus-Júpiter: Mucho cuidado con la tentación de la extravagancia o los excesos.

Venus-Saturno: Es posible que luche con sentimientos de soledad o dudas sobre usted mismo.

Venus-Urano: Lucha por encontrar el equilibrio entre sus valores personales y su individualidad. Esto podría dejarte abierto a cambios repentinos o acabar en relaciones poco convencionales.

Venus-Neptuno: En el proceso de ordenar sus valores espirituales, puede prestarse a confusiones o a ser engañado.

Venus-Plutón: Tensión entre los valores personales y la dinámica de poder en las relaciones, posibilidad de experiencias emocionales intensas o manipulación.

Marte-Júpiter: Se encontrará luchando por mantener sus ambiciones al tiempo que se asegura de no cruzar ninguna línea moral. Tenga cuidado porque puede ceder a un comportamiento imprudente o sentirse demasiado confiado y asumir más de lo que puede manejar.

Marte-Saturno: A la hora de conseguir sus objetivos, es posible que experimente algunas dificultades y frustraciones en el camino.

Marte-Urano: Sentirá un deseo abrumador de actuar impulsivamente. Lo mejor sería que pudiera mantener esto bajo control.

Marte-Neptuno: En el proceso de encontrar su verdad espiritual, tenga cuidado de no acabar engañándose a sí mismo.

Marte-Plutón: Mientras toma acciones constructivas hacia sus metas, puede encontrarse en medio de luchas de poder. Debe ser consciente de ser susceptible a la manipulación.

Júpiter-Saturno: Necesita encontrar el equilibrio entre sus valores personales y las consideraciones prácticas a medida que alcanza sus sueños.

Júpiter-Urano: Existe la posibilidad de que experimente cosas buenas, pero debe estar preparado para lo inesperado o para que su rutina habitual se vea alterada.

Júpiter-Neptuno: Aunque es admirable que se sumerja en el espiritualismo y se muestre optimista sobre su camino, debe tener cuidado para no perder el contacto con la realidad.

Júpiter-Plutón: Es posible que se encuentre optimista sobre un proyecto o una persona en particular hasta el punto de la obsesión. Dependiendo de sus decisiones, esto puede ser bueno o malo.

Saturno-Urano: Por un lado, desea mantener el statu quo y, por otro, no hay nada que le gustaría más que sacudir las cosas. Necesita encontrar el equilibrio entre ambos deseos.

Saturno-Neptuno: Puede sentirse decepcionado o desilusionado si no encuentra la diferencia entre ilusión y realidad.

Saturno-Plutón: Aquí tiene una oportunidad única para cambiar a mejor o entregarse a la corrupción.

Urano-Neptuno: Está encontrando su verdadera identidad dentro de su camino espiritual. En el proceso, quizá se encuentre lleno de creencias poco convencionales que pueden no servirle a la hora de la vida práctica.

Urano-Plutón: Existe la oportunidad de un cambio radical y de que tenga la sartén por el mango en cuanto a dinámicas de poder.

Neptuno-Plutón: Cuidado con las personas que le rodean y sus posibles intenciones ocultas. También puede esperar experimentar un gran cambio a través de su viaje espiritual.

Quincuncio

En el quincuncio ambos planetas se encuentran a 150 grados el uno del otro. Este aspecto puede indicar una necesidad de ajuste o realineación entre dos planetas o puntos de una carta.

Sol-Luna: La necesidad de ajuste entre el ego y las emociones puede provocar tensión o incertidumbre.

Sol-Mercurio: Tratar de equilibrar la autoexpresión y la comunicación puede llevar a malentendidos o ansiedad.

Sol-Venus: Buscar el punto dulce entre la autoestima y las relaciones puede llevar a indecisiones o conflictos.

Sol-Marte: Puede sentir cierta frustración o impulsividad al buscar el equilibrio entre su voluntad y sus acciones.

Sol-Júpiter: Si no tiene cuidado, será susceptible a expectativas poco realistas o a un exceso de optimismo si no se toma el tiempo necesario para encontrar la alineación entre sus valores y creencias.

Sol-Saturno: En el proceso de expresarse y ser una persona responsable, puede encontrarse sucumbiendo al miedo o dudando de sus capacidades.

Sol-Urano: Cuidado con ceder repentinamente a la impulsividad o la rebeldía mientras intenta encontrar el equilibrio entre su individualidad y la expresión de sí mismo.

Sol-Neptuno: Aunque su amor por la espiritualidad es admirable, debe tener cuidado con ceder al idealismo y encontrarse en una situación en la que solo habla y no actúa.

Sol-Plutón: Necesita ser consciente de que es muy susceptible a la manipulación o al control, especialmente mientras encuentra la forma de ajustarse entre su ego y la dinámica de poder.

Luna-Mercurio: Con la Luna y Mercurio en este aspecto, es natural esperar que los cambios de humor o la falta de comunicación sean la norma. Así que tenga mucho cuidado con lo que dice o cómo interpreta lo que alguien le dice.

Luna-Venus: Con este aspecto, encontrar el equilibrio entre sus relaciones y las emociones que le provocan podría llevarle a la codependencia o a las turbulencias emocionales.

Luna-Marte: La necesidad de ajustar entre emociones y acciones puede llevarle a la impulsividad o a estallidos emocionales.

Luna-Júpiter: Hay una gran posibilidad de que se vuelva demasiado indulgente o tenga expectativas poco realistas, especialmente al considerar sus valores personales y cómo se siente de un momento a otro.

Luna-Saturno: Si no encuentra una forma saludable de manejar sus responsabilidades y abordar sus emociones, puede sentirse emocionalmente alejado de la vida o luchar contra la depresión.

Luna-Urano: El deseo de equilibrar las emociones y la individualidad puede conducir a la inestabilidad emocional o a la rebeldía.

Luna-Neptuno: Puede experimentar confusión emocional o escapismo.

Luna-Plutón: Puede que sea susceptible a la manipulación emocional o al control.

Mercurio-Venus: Póngase como objetivo evitar malentendidos o desequilibrios en sus relaciones con los demás.

Mercurio-Marte: Puede verse envuelto en discusiones o tomar decisiones impulsivas de las que luego se arrepienta.

Mercurio-Júpiter: Aunque ser optimista es un rasgo deseado, debe tener mucho cuidado de no exagerar los posibles resultados que puede obtener de un proyecto o de lo que sea en lo que esté trabajando.

Mercurio-Saturno: Cuando se enfrenta a las energías de Mercurio y Saturno en oposición, necesita tener cuidado porque puede luchar con dudas o inhibiciones, especialmente cuando descubre cómo comunicarse eficazmente con los demás.

Mercurio-Urano: Mercurio y Urano en oposición tienden a prestar a la energía de la impulsividad en la excentricidad. Esto puede ser algo bueno o malo. Solo tiene que ser consciente y hacer las cosas con moderación.

Mercurio-Neptuno: Aunque es comprensible que necesite hacer ajustes entre su estilo de comunicación y su espiritualidad, también debe ser consciente de que existe la posibilidad de engaño o confusión en el proceso.

Mercurio-Plutón: Mercurio y Plutón en oposición, son la receta perfecta para que se desarrolle la obsesión o la manipulación.

Venus-Marte: Arroje a Venus y Marte en oposición entre sí, y puede experimentar mucho desequilibrio en sus relaciones.

Venus-Júpiter: Tenga cuidado porque hay una tendencia a tener expectativas poco realistas y a permitirse cosas más de lo debido cuando estos dos planetas, Venus y Júpiter, están en oposición.

Venus-Saturno: Estar enamorado es hermoso, pero siempre hay una tendencia a olvidarse de uno mismo y de sus responsabilidades. Por lo tanto, debe tener cuidado con eso para no experimentar apego emocional o volverse mortalmente temeroso de la intimidad.

Venus-Urano: Es posible que se encuentre en las relaciones menos convencionales o que experimente cambios repentinos que nunca había previsto.

Venus-Neptuno: El hecho de que haya encontrado un equilibrio entre su amor por alguien y su amor por la espiritualidad es algo estupendo. Pero debe ser consciente de que podría caer en la trampa del engaño o idealizar a esa otra persona en su propio detrimento.

Venus-Plutón: Con Venus y Plutón en oposición, debe tener cuidado porque hay muchas posibilidades de que caiga en pensamientos obsesivos.

Marte-Júpiter: En oposición entre sí, Marte y Júpiter es la receta perfecta para confiarse demasiado y actuar de forma imprudente. Por favor, tenga cuidado para no tener que enfrentarse a consecuencias de las que se arrepienta más tarde.

Marte-Saturno: Marte y Saturno en oposición le impulsarán a tomar medidas y a ser responsable de sí mismo, pero el problema es que, en el proceso, puede experimentar mucha frustración, especialmente porque siente que sus objetivos están muy lejos de su alcance.

Marte-Urano: Puede que se sienta un poco impulsivo en respuesta a los cambios repentinos que se producen a su alrededor, pero es importante que se tome su tiempo y piense bien las cosas antes de emprender cualquier acción.

Marte-Neptuno: Marte y Neptuno y la oposición ofrecen la posibilidad de que se engañe a usted mismo en un asunto muy importante, por lo que necesita dar prioridad a ser honesto consigo mismo.

Marte-Plutón: Existe una gran posibilidad de que se vea envuelto en una lucha de poder, por lo que debe asegurarse de no ceder a esta tentación. De lo contrario, le coloca en la posición perfecta para ser manipulado en una situación que no le parece nada deseable.

Júpiter-Saturno: Puede que le resulte especialmente difícil equilibrar sus consideraciones prácticas con sus creencias personales.

Júpiter-Urano: Puede sentirse un poco rebelde o pensar de forma poco convencional debido a que intenta encontrar la alineación entre lo que valora y su sentido de la individualidad.

Júpiter-Neptuno: Júpiter y Neptuno en oposición es otro aspecto que hace posible que le engañen. Este engaño puede ser propio o de otra persona.

Júpiter-Plutón: Debido a que desea lo que quiere, sin importar el costo, existe la posibilidad de que se encuentre abusando del poder. Téngalo en cuenta.

Saturno-Urano: Puede que se encuentre en un tira y afloja entre elegir hacer lo responsable y apegarse a la tradición frente a elegir ser su yo individual y progresar en el proceso.

Saturno-Neptuno: Tenga cuidado con esta oposición porque existe la posibilidad de que se encuentre sumido en la confusión, especialmente con respecto a sus prácticas espirituales.

Saturno-Plutón: Mientras intenta encontrar el equilibrio entre su responsabilidad y la dinámica del poder, puede encontrarse en una posición única en la que puede abusar del poder o cambiar para mejor.

Urano-Neptuno: Aunque generalmente todo el mundo encuentra su sentido de la espiritualidad siguiendo la corriente de los demás al principio, debe tener en cuenta que, en algún momento, deberá encontrar su propio y verdadero camino. Si no lo hace, luchará con la confusión o idealizando las cosas equivocadas.

Urano-Plutón: Con Urano y Plutón en oposición entre sí, podría encontrarse en una racha un poco rebelde. Debe tener cuidado de que esto no le lleve por un camino del que luego se arrepienta.

Neptuno-Plutón: La necesidad de ajustarse entre la espiritualidad y la transformación puede llevar a experiencias espirituales intensas o a la obsesión por el poder.

Quintil

El quintil tiene a ambos planetas separados 72 grados entre sí. Este aspecto implica creatividad y habilidades únicas.

Sol-Luna: Soluciones creativas a conflictos emocionales.

Sol-Mercurio: Pensamiento innovador y resolución de problemas.

Sol-Venus: Expresión y apreciación estética.

Sol-Marte: Confianza e inspiración.

Sol-Júpiter: Encontrar oportunidades y ampliar su visión.

Sol-Saturno: Disciplina, concentración y trabajo duro.
Sol-Urano: Originalidad e innovación.
Sol-Neptuno: Expresión artística y visión espiritual.
Sol-Plutón: Poder transformador y regeneración.
Luna-Mercurio: Intuición y pensamiento imaginativo.
Luna-Venus: Conexión emocional y relaciones armoniosas.
Luna-Marte: Acción instintiva y autoconservación.
Luna-Júpiter: Generosidad emocional y crecimiento.
Luna-Saturno: Madurez emocional y responsabilidad.
Luna-Urano: Independencia emocional y pensamiento progresista.
Luna-Neptuno: Sensibilidad emocional y expresión artística.
Luna-Plutón: Intensidad emocional y transformación.
Mercurio-Venus: Comunicación creativa y gracia social.
Mercurio-Marte: Comunicación persuasiva y acción asertiva.
Mercurio-Júpiter: Pensamiento expansivo y comunicación persuasiva.
Mercurio-Saturno: Pensamiento disciplinado y enfoque intelectual.
Mercurio-Urano: Pensamiento y comunicación innovadores.
Mercurio-Neptuno: Pensamiento creativo y perspicacia espiritual.
Mercurio-Plutón: Perspicacia penetrante y comunicación transformadora.
Venus-Marte: Pasión creativa y acción armoniosa.
Venus-Júpiter: Creatividad expansiva y autoexpresión gozosa.
Venus-Saturno: Creatividad disciplinada y perseverancia.
Venus-Urano: Expresión única y poco convencional.
Venus-Neptuno: Expresión artística y amor espiritual.
Venus-Plutón: Transformación emocional y curación.
Marte-Júpiter: Acción inspirada y expansión.
Marte-Saturno: Acción disciplinada y concentración.
Marte-Urano: Acción original e innovadora.
Marte-Neptuno: Acción inspirada y expresión creativa.
Marte-Plutón: Acción transformadora y poder personal.
Júpiter-Saturno: Visión práctica y expansión disciplinada.
Júpiter-Urano: innovación visionaria y crecimiento no convencional.

Júpiter-Neptuno: Crecimiento espiritual y expresión artística.

Júpiter-Plutón: Profundo crecimiento y transformación personal.

Saturno-Urano: Equilibrando la tradición con la innovación y el cambio.

Saturno-Neptuno: Práctica espiritual disciplinada y servicio compasivo.

Saturno-Plutón: Profunda transformación a través del trabajo duro y la autodisciplina.

Urano-Neptuno: Ideas visionarias e imaginación creativa.

Urano-Plutón: Cambio radical y avances transformacionales.

Neptuno-Plutón: Transformación y regeneración espiritual.

Capítulo diez: Interpretar una carta solar

Una carta solar se crea elaborando una carta para el momento exacto en que el Sol vuelve a su posición natal cada año. La posición del Sol en ese momento es la base de la carta, que luego se calcula para el lugar donde el individuo vivirá durante el año.

La carta solar se calcula utilizando los mismos datos astrológicos que una carta natal, incluidas las posiciones de los planetas, los ángulos entre ellos y sus posiciones en las doce casas. La carta suele interpretarse en el contexto de la carta natal del individuo para ver cómo puede afectar el año entrante a su trayectoria vital en general.

Es importante tener en cuenta que la carta solar no sustituye a la carta natal, sino que es una herramienta complementaria para comprender mejor los temas y retos específicos que pueden surgir a lo largo del año.

La importancia de la carta natal

La carta natal es la carta astrológica fundamental que representa las posiciones planetarias en el momento del nacimiento de un individuo. Es el punto de partida de todas las interpretaciones y análisis astrológicos, incluida la interpretación de una carta solar. La carta solar se elabora calculando el momento exacto en el que el Sol en tránsito regresa a la misma posición que ocupaba en el momento del nacimiento del individuo. Esto ocurre una vez al año, en torno al cumpleaños del individuo. La carta resultante representa las influencias astrológicas que estarán presentes en la vida de la persona durante el año siguiente.

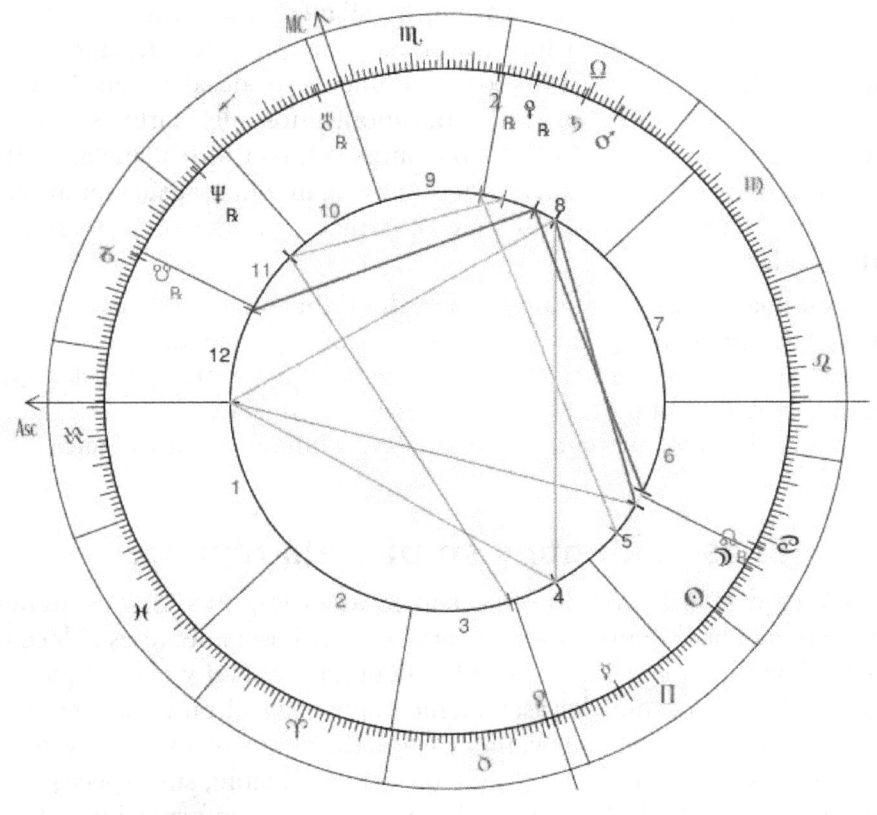

Ejemplo de carta natal

Mom, CC BY-SA 3.0 <https://creativecommons.org/licenses/by-sa/3.0>, a través de Wikimedia Commons https://upload.wikimedia.org/wikipedia/commons/4/43/Natal_Chart_-_Adam.svg

Sin embargo, la interpretación aislada de una carta solar puede ser limitada, ya que solo tiene en cuenta las posiciones planetarias en un momento determinado. Para comprender plenamente el significado y la importancia de las posiciones planetarias en una carta solar, los astrólogos también las comparan y contrastan con sus posiciones correspondientes en la carta natal del individuo.

Por ejemplo, supongamos que Marte se encuentra en la casa 10 de la profesión y la imagen pública. Esta posición puede indicar un año de mayor ambición y asertividad en el ámbito profesional. Sin embargo, para comprender plenamente el impacto potencial de esta colocación, un astrólogo también tendría en cuenta la posición de Marte en la carta natal del individuo.

Si Marte se encuentra en un aspecto desafiante de la carta natal, como una cuadratura o una oposición, podría indicar que este aumento de la ambición y la asertividad provocará conflictos o desafíos en la vida profesional del individuo. Sin embargo, supongamos que Marte está en un aspecto armonioso, como un trígono o un sextil, con otro planeta, como Júpiter. En ese caso, puede sugerir que este crecimiento y éxito serán más expansivos y beneficiosos, lo que conducirá a mayores logros y oportunidades.

Al examinar la relación entre la carta del retorno solar y la carta natal, los astrólogos pueden comprender mejor las áreas de la vida que se verán más afectadas durante el próximo año y los temas y retos generales que pueden surgir. Este enfoque holístico de la interpretación es esencial para crear una evaluación matizada y precisa de las influencias astrológicas del individuo.

El ascendente y su planeta regente

El ascendente y su planeta regente son factores importantes que deben tenerse en cuenta al interpretar una carta solar. El ascendente establece el escenario para toda la carta, indicando la energía general y el enfoque del año entrante. El regente del ascendente representa el enfoque personal del individuo ante el año venidero y cómo afrontará sus retos y oportunidades. El examen de la posición del ascendente, sus aspectos y la posición y el regente de la casa pueden proporcionar información valiosa sobre la experiencia general del individuo en el año que comienza.

El significado del Sol y la Luna

El Sol y la Luna son dos de los factores más importantes de cualquier carta astrológica, incluida la carta del retorno solar. La posición del Sol representa el enfoque del individuo y las áreas de la vida que se destacarán en el próximo año. La posición de la Luna indica las necesidades emocionales del individuo y cómo tratará de satisfacerlas en el año venidero. El examen de la posición, los aspectos y la posición de las casas del Sol y de la Luna puede dar una idea de la experiencia general del individuo en el año que comienza y de los posibles retos u oportunidades a los que puede enfrentarse.

Identificar los aspectos y las configuraciones importantes

Los aspectos y las configuraciones de la carta solar pueden proporcionar información importante sobre la experiencia del individuo en el próximo año. Por ejemplo, los aspectos desafiantes entre planetas pueden indicar áreas de dificultad o conflicto, mientras que los aspectos armoniosos pueden indicar áreas de facilidad y oportunidad. Las configuraciones como stellium o los grandes trígonos pueden indicar áreas de especial atención o fortaleza en la vida de la persona durante el próximo año. Examinar los aspectos y las configuraciones de la carta puede proporcionar una valiosa visión de la experiencia del individuo en el año que comienza y ayudar a identificar áreas potenciales de crecimiento y desafío.

El impacto de los tránsitos planetarios

Los tránsitos planetarios pueden influir significativamente en la experiencia indicada por la carta solar. Examinar los tránsitos que se producirán a lo largo del año puede proporcionar información sobre los posibles retos y oportunidades que pueden surgir durante periodos específicos. Por ejemplo, supongamos que se indica un tránsito desafiante para un mes en particular. En ese caso, puede ser útil planificar en consecuencia o tomar medidas para mitigar las posibles dificultades. Del mismo modo, si se indica un tránsito beneficioso, puede ser un buen momento para aprovechar oportunidades o hacer progresos significativos en ciertas áreas de la vida. Comprender el impacto de los tránsitos planetarios puede ayudar a las personas a sacar el máximo partido de la información proporcionada por la carta solar y a navegar por el próximo año con mayor perspicacia y conciencia.

Interpretación de las posiciones de las casas

Interpretar las posiciones de las casas en la carta solar es un aspecto importante para comprender las áreas de la vida que se destacarán durante el próximo año. Cada casa de la carta corresponde a un área específica de la vida y puede revelar información importante sobre lo que cabe esperar en esas áreas. Estos son algunos consejos para interpretar las posiciones de las casas en la carta solar:

Empiece por identificar la casa en la que se encuentra el Sol en su retorno solar. Esta área de la vida será el centro de atención durante el próximo año, y será importante prestar mucha atención a cualquier aspecto que se haga con este planeta.

Observe la casa en la que se encuentra la luna. Esto le dará una idea del enfoque emocional del año y de los posibles cambios en el hogar o en la vida familiar.

Examine la casa donde se encuentra el ascendente con retorno solar y el planeta que rige el Ascendente. Esto dará una idea del enfoque personal del individuo y de su autoexpresión durante el año.

Preste atención al stellium o grupos de planetas en una casa concreta. Esto puede indicar una concentración de energía en un área concreta de la vida y revelar temas importantes para el año.

Fíjese en los planetas situados en las casas angulares, especialmente en la primera, cuarta, séptima y décima. Los planetas en estas casas influirán mucho en la vida del individuo durante el año.

Tenga en cuenta los regentes de cada casa y los aspectos que les afectan. Esto puede dar una idea de cómo se verá afectada cada área de la vida durante el año y revelar temas y oportunidades importantes.

Examinando la carta de progreso en relación con la carta de retorno solar

El examen de la carta progresada o de progreso en relación con la carta solar puede proporcionar información valiosa sobre el clima astrológico general para el próximo año.

La carta de progreso es una carta que se crea avanzando la carta natal en el tiempo. Cada día después del nacimiento representa un año de progreso en la carta progresada. Por ejemplo, si una persona tiene 30 años, su carta de progreso correspondería al año 30 después de su nacimiento.

Al examinar la carta de progreso en relación con la carta solar, es importante fijarse en los ángulos, como el ascendente, el medio cielo y el descendente, y en la Luna progresada, ya que indican las áreas clave de interés para el año. Supongamos que se producen tránsitos o progresiones significativos en estas áreas. En ese caso, es probable que influyan en la carta solar.

Además, puede ser útil observar las posiciones planetarias de la carta progresada y compararlas con las posiciones de la carta solar. Cualquier conjunción, cuadratura u oposición significativa entre los planetas progresados y los planetas solares puede indicar temas importantes para el año.

También es importante tener en cuenta que, mientras que la carta solar representa el clima astrológico del próximo año, la carta progresada ofrece una perspectiva más gradual y a largo plazo. Por lo tanto, el análisis conjunto de ambas cartas puede proporcionar una comprensión completa de las influencias astrológicas generales en juego.

Ejemplo de carta solar para Rihanna en 2021

Lo primero que hay que destacar es que la carta solar de Rihanna para 2021 tiene el Sol en Piscis en la cuarta casa, lo que indica que este será un año centrado en el hogar y los asuntos familiares, y puede que busque más privacidad y reclusión. La Luna está en Acuario en la tercera casa, lo que sugiere que la comunicación y el trabajo en red serán temas importantes para ella este año.

El ascendente está en Tauro, lo que indica que este año puede adoptar un enfoque más práctico y realista de sus objetivos y centrarse en conseguir estabilidad y seguridad. El regente de su ascendente, Venus, está en Piscis en la cuarta casa, enfatizando aún más los temas de la familia y el hogar y sugiriendo que puede encontrar consuelo y alivio en actividades creativas y artísticas.

En términos de aspectos importantes, hay un stellium en Piscis con el sol, Venus y Neptuno en conjunción, lo que sugiere que la expresión creativa, la espiritualidad y la sensibilidad emocional serán temas fuertes para ella este año. Además, hay un aspecto cuadrado entre el stellium en Piscis y Marte en Géminis en la casa 7, indicando que puede haber conflictos o tensiones en sus asociaciones y relaciones.

Si observamos la carta de progresión en relación con la carta solar, vemos que su Sol en progresión está en Acuario, lo que sugiere que este año su atención puede orientarse hacia ideas y actividades innovadoras y poco convencionales. Su Luna en progresión está en Escorpio, en la casa 11, lo que indica que las amistades y las relaciones sociales pueden ser importantes áreas de crecimiento y desarrollo para ella.

En general, la carta solar de Rihanna para 2021 sugiere un año centrado en el hogar, la familia y la expresión creativa, con posibles conflictos en las relaciones de pareja. La combinación del stellium en Piscis y el Sol en progresión en Acuario también sugiere un fuerte énfasis en la espiritualidad y el pensamiento no convencional, con un potencial de crecimiento en las conexiones sociales y las amistades indicado por la Luna progresada en Escorpio.

Conclusión

En conclusión, los retornos solares son una poderosa herramienta de la astrología predictiva que puede proporcionar información y orientación para el año que comienza. Como ha visto a lo largo de este libro, el retorno solar a su posición natal cada año proporciona una instantánea de las energías y temas presentes en su vida durante los próximos 12 meses.

Ha aprendido a crear una carta de retorno solar, a interpretar las posiciones del Sol, la Luna, los planetas y las casas en la carta, a identificar aspectos y configuraciones importantes que pueden proporcionarle pistas sobre los acontecimientos y las experiencias que puede encontrar. También ha explorado el impacto de los tránsitos planetarios en la carta astral y cómo utilizar la carta de progreso en relación con la carta astral para comprender mejor el año que se avecina.

No se puede exagerar la importancia de la carta natal en la creación e interpretación de la carta solar. Esencialmente, es una instantánea de las energías que estarán activas durante el próximo año, pero la carta natal proporciona la base y el contexto para estas energías. Es importante recordar que la astrología no es una práctica determinista y que la carta natal no es un destino fijo al que está abocado. Es más bien un mapa de las energías y oportunidades que estarán a su disposición, y la forma en que decida trabajar con ellas depende de usted.

Como ha visto en el ejemplo de la carta de Rihanna, cada carta es única y proporciona un mapa personalizado de las energías y temas que estarán presentes en su vida durante el próximo año. La interpretación requiere conocimientos técnicos, intuición y experiencia, es importante tener en cuenta todos los factores para obtener una comprensión global de la carta. También es importante recordar que la carta del retorno solar no es la única herramienta disponible en astrología predictiva, y debe utilizarse junto con otras técnicas y métodos para obtener una comprensión más holística del año que se avecina.

En conclusión, el estudio de los retornos solares es valioso para cualquier persona interesada en la astrología predictiva. Proporciona una forma poderosa de obtener información sobre las energías y los temas que estarán presentes en nuestras vidas durante el próximo año. Mediante el uso de las técnicas y métodos descritos en este libro, puede obtener una comprensión más profunda de sus propias cartas y utilizar este conocimiento para navegar por los desafíos y oportunidades que se presentan en su camino con mayor sabiduría y claridad.

Glosario de términos y símbolos astrológicos

Símbolos planetarios y abreviaturas

Sol: ☉, abreviado como "SOL"

Luna: ☽, abreviado como "LUN"

Mercurio: ☿, abreviado como "MER"

Venus: ♀, abreviado como "VEN"

Marte: ♂, abreviado como "MAR"

Júpiter: ♃, abreviado como "JUP"

Saturno: ♄, abreviado como "SAT"

Urano: ♅, abreviado como "URA"

Neptuno: ♆, abreviado como "NEP"

Plutón: ♇, abreviado como "PLU"

Símbolos de signos y abreviaturas

Aries: ♈, abreviado como "ARI"

Tauro: ♉, abreviado como "TAU"

Géminis: ♊, abreviado como "GEM"

Cáncer: ♋, abreviado como "CAN"

Leo: ♌, abreviado como "LEO"

Virgo: ♍, abreviado como "VIR"

Libra: ♎, abreviado como "LIB"

Escorpio: ♏, abreviado como "SCO"

Sagitario: ♐, abreviado como "SAG"

Capricornio: ♑, abreviado como "CAP"

Acuario: ♒, abreviado como "ACUA"

Piscis: ♓, abreviado como "PIS"

Otros símbolos y abreviaturas

Ascendente: ASC
Medio Cielo: MC
Nodo Norte: ☊
Nodo Sur: ☋
Retrógrado: Rx
Directo: D

Extra: Sus gráficos de retorno solar

Este capítulo adicional le ofrece una herramienta útil para registrar y analizar sus cartas astrales. Después de estudiar los principios de las cartas astrales y aprender a interpretarlas, puede utilizar estas plantillas en blanco para crear sus propias cartas astrales personalizadas. Estas plantillas pueden fotocopiarse y añadirse a su diario o libro de sombras junto con sus notas e interpretaciones. A medida que haga predicciones y observe cómo se desarrollan los acontecimientos del próximo año, puede utilizar estas cartas para reflexionar sobre lo que se ha cumplido y lo que no.

Al crear sus cartas astrales y utilizarlas para hacer predicciones, puede profundizar en su comprensión de la astrología y obtener valiosos conocimientos sobre su vida. Tanto si es un principiante como un astrólogo experimentado, estas plantillas pueden ayudarle a aprovechar el poder de los retornos solares y desvelar los secretos del año que se avecina. No dude en utilizar estas plantillas para registrar sus cartas astrales y reflexionar sobre sus predicciones a medida que avance el año. Con práctica y paciencia, puede aprender a utilizar la antigua sabiduría de la astrología para guiarse en su viaje por la vida.

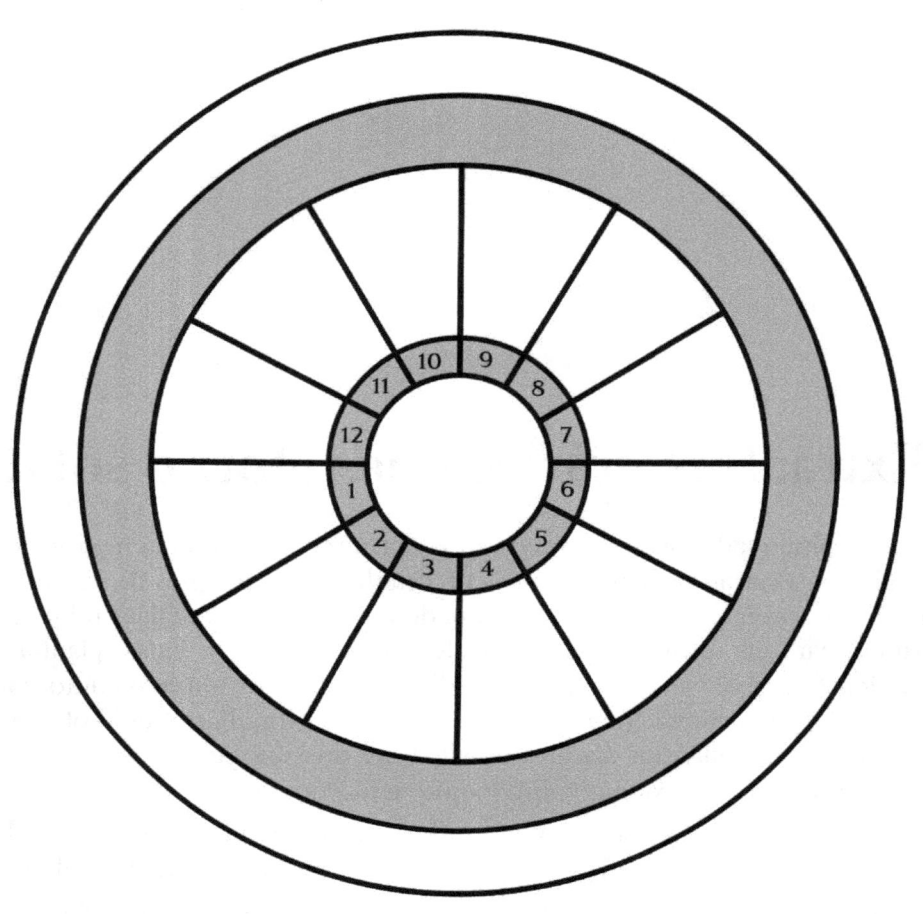

Hoja de datos del horóscopo

Nombre: _____

Lugar: _____

Lat.: _____

Longitud: _____

Fecha de nacimiento: Día: _____   Mes: _____
Año: _____

Hora: _____

Min.: _____ a. m.   p. m. (Hora estándar)

Hora estándar: Centro-Oriental
Pacífico de montaña

<u>Tache todas las zonas horarias excepto la suya</u>

Hora local verdadera: _____

Hora Calc. Sid.: _____

Hora Sid. Más Cercana: _____

Hora del meridiano de Greenwich: _____

Calc. Adj. Calc: _____

Elementos	Planetas	Declinación de los planetas	Aspectos					
Cardinal								
Fijo								
Común								
Fuego								
Tierra								
Aire								
Agua								
Esencialmente dignificado								
Exaltado								
Detrimento								
Caída								
Angular								
Crítico								

Vea más libros escritos por Mari Silva

Su regalo gratuito

¡Gracias por descargar este libro! Si desea aprender más acerca de varios temas de espiritualidad, entonces únase a la comunidad de Mari Silva y obtenga el MP3 de meditación guiada para despertar su tercer ojo. Este MP3 de meditación guiada está diseñado para abrir y fortalecer el tercer ojo para que pueda experimentar un estado superior de conciencia.

https://livetolearn.lpages.co/mari-silva-third-eye-meditation-mp3-spanish/

¡O escanee el código QR!

Referencias

Brady, B. (1998). Astrología predictiva: El águila y la alondra. Weiser Books.

Clow, B. H. (1987). Quirón: Puente arcoíris entre los planetas interiores y exteriores. Llewellyn Worldwide.

DeVore, N. (2005). Enciclopedia de astrología. Astrology Center of America.

Fagan, C., & Firebrace, R. C. (2008). Manual de Astrología Sideral (No. 1). American Federation of Astr.

Forrest, S. (1986). El cielo cambiante: Guía práctica de la nueva astrología predictiva. Bantam Books.

Frawley, D. (1992). La astrología de los videntes: Una guía comprensiva de la Astrología Védica. Motilal Banarsidass Publisher.

Gerwick-Brodeur, M., y Lenard, L. (2003). La completa guía de la astrología para idiotas. Penguin.

Laishley, L. (2007). La astrología como religión: Teoría y práctica. Diario para el estudio de la religión, la naturaleza y la cultura.

Orion, R. (2011). Astrología para tontos. John Wiley & Sons.

Page, S. (2002). La astrología en los manuscritos medievales. University of Toronto Press.

Robson, V. E. (2010). Una guía para principiantes de astrología práctica. Astrología clásica.

Simmonite, W. J. (2009). Astrología horaria. American Federation of Astr.

Sutherland, P. (2012). Cómo la astrología me salvó la vida. Clarion Reviews.

Teal, C. (2009). La predicción de eventos con la astrología. Llewellyn Worldwide.

Woolfolk, J. M. (2012). El único libro de astrología que necesitará: Ahora con un CD interactivo compatible con PC y Mac. Taylor Trade Publications.

www.ingramcontent.com/pod-product-compliance
Lightning Source LLC
Chambersburg PA
CBHW051851160426
43209CB00006B/1249